刑事理论
与企业破产的交叉问题研究

潘传平 许勇 张涛 著

汕頭大學出版社

图书在版编目（CIP）数据

刑事理论与企业破产的交叉问题研究 / 潘传平，许勇，张涛著 . -- 汕头：汕头大学出版社，2022.9
ISBN 978-7-5658-4802-5

Ⅰ . ①刑… Ⅱ . ①潘… ②许… ③张… Ⅲ . ①企业—破产—刑事责任—研究—中国 Ⅳ . ① D922.291.924

中国版本图书馆 CIP 数据核字（2022）第 168380 号

刑事理论与企业破产的交叉问题研究
XINGSHI LILUN YU QIYE POCHAN DE JIAOCHA WENTI YANJIU

作　　者：	潘传平　许　勇　张　涛
责任编辑：	黄洁玲
责任技编：	黄东生
封面设计：	刘梦杳
出版发行：	汕头大学出版社
	广东省汕头市大学路 243 号汕头大学校园内　邮政编码：515063
电　　话：	0754-82904613
印　　刷：	廊坊市海涛印刷有限公司
开　　本：	710mm×1000mm　1/16
印　　张：	9
字　　数：	150 千字
版　　次：	2022 年 9 月第 1 版
印　　次：	2023 年 1 月第 1 次印刷
定　　价：	46.00 元

ISBN 978-7-5658-4802-5

版权所有，翻版必究
如发现印装质量问题，请与承印厂联系退换

前　言

通过法律和法治来实现正义、维护秩序、保障自由，已经成为全人类的共识。依法治国是全人类社会，也是我国迄今为止能够选择的最佳治国方略。在建设社会主义法治国家的事业中，刑事法治建设是重要的领域之一。刑事法治建设所具有的这种地位，是由刑事法所保护法益之广泛性与重要性、所采用的违法制裁手段之严厉性和所剥夺权利之至关重要所共同构筑而成的。破产是市场经济发展到一定阶段必然出现的法律现象。民商事案件审理中的刑民交叉问题，本身是一个在理论界和实务界存在较大争议的问题，而在破产审判中如何处理刑民交叉问题则是一个全新的疑难点。

基于此，本书以"刑事理论与企业破产的交叉问题研究"为题，全书共设置五章：第一章围绕刑事责任及其实现方式展开，主要阐述刑事责任的特点与地位、依据与发展及其实现方式；第二章分析刑事诉讼的原理，主要内容包括刑事诉讼的目的与价值、刑事诉讼的认识与结构、刑事诉讼的职能与阶段、刑事诉讼的法律关系；第三章主要讨论刑罚的概述、体系、主刑与附加刑、非刑罚处理方法；第四章探讨企业破产及其程序，包括破产的概念与特征、破产程序的主体、破产程序的性质与作用；第五章分析刑事与企业破产的交叉问题，主要讨论了破产程序中刑事追赃优先的非必然性、破产案件中刑民交叉问题、企业破产与刑事追缴退赔交叉问题。本书有以下特点值得一提：

第一，理论性。不仅注释相关刑事法律，而且注意阐释其法律原理，并在总体上对有关刑事责任、刑事诉讼与刑罚、企业破产等基本问题进行解读。

第二，体系性。在整体上既注意对我国刑事原理制度进行概括和归纳，又注意构建刑事诉讼与企业破产相关学科体系，为探究刑事问题与企业破产交叉环节的解决奠定理论基础。

第三，新颖性与准确性。关注立法与司法解释，并力求阐释准确。

本书的撰写得到了许多专家学者的帮助和指导，在此表示诚挚的谢意。由于笔者水平有限，加之时间仓促，书中所涉及的内容难免有疏漏与不够严谨之处，希望各位读者多提宝贵意见，以待进一步修改，使之更加完善。

目录

第一章 刑事责任及其实现方式 ... 1
- 第一节 刑事责任的特点与地位 ... 1
- 第二节 刑事责任的依据与发展 ... 6
- 第三节 刑事责任的实现方式 ... 10

第二章 刑事诉讼的原理阐释 ... 13
- 第一节 刑事诉讼的目的与价值 ... 13
- 第二节 刑事诉讼的认识与结构 ... 26
- 第三节 刑事诉讼的职能与阶段 ... 36
- 第四节 刑事诉讼的法律关系 ... 44

第三章 刑罚的体系与种类 ... 53
- 第一节 刑罚概述 ... 53
- 第二节 刑罚的体系 ... 58
- 第三节 主刑与附加刑 ... 60
- 第四节 非刑罚处理方法 ... 81

第四章 企业破产及其程序 ... 85
- 第一节 破产的概念与特征 ... 85
- 第二节 破产程序的主体 ... 90
- 第三节 破产程序的性质与作用 ... 95

第五章 刑事与企业破产的交叉问题分析 ... 100
- 第一节 破产程序中刑事追赃优先的非必然性 ... 100
- 第二节 破产案件中刑民交叉问题 ... 113
- 第三节 企业破产与刑事追缴退赔交叉问题 ... 124

结束语 ... 133
参考文献 ... 135

第一章　刑事责任及其实现方式

刑事责任是最严重的法律责任，刑事责任依据犯罪人所实施犯罪行为而产生，是犯罪人实施犯罪行为应当承担的否定性法律评价和刑事处罚的责任，是社会性和伦理性两者的统一。本章主要阐释刑事责任的特点与地位、刑事责任的依据与发展、刑事责任的实现方式。

第一节　刑事责任的特点与地位

对于刑事责任的定义，理论界存在不同理解，总体看来，有以下主要观点：

（1）法律责任说。法律责任说认为刑事责任是国家司法机关依据法律规定，根据犯罪行为及其他能说明犯罪社会危害性的事实，强制犯罪人承担的法律责任。

（2）法律后果说。法律后果说认为刑事责任是依照刑事法律规定，行为人实施刑事法律所禁止的行为所必须承担的法律后果。

（3）否定评价说，也称为责难说、谴责说。否定评价说认为刑事责任是指犯罪人因实施刑法所禁止的行为而应承担的、代表国家的司法机关依照刑事法律对其犯罪行为及其本人的否定性评价和谴责。

（4）刑事义务说。刑事义务说认为刑事责任是犯罪人因其犯罪行为根据刑法规定向国家承担的、体现着国家最强烈的否定评价的惩罚义务。

（5）刑事负担说。刑事负担说认为刑事责任是国家为维持自身的生存条件，在清算触犯刑律的行为时，运用国家暴力，强迫行为人承受的刑事上的负担。

（6）刑事处罚（制裁）说。刑事处罚（制裁）说认为刑事责任就是国家对犯罪人的刑罚处罚或制裁。

综上所述，刑事责任是指依据刑事法律规定和实际发生的犯罪事实而产生的，由代表国家的司法机关依法确认的，犯罪人因实施犯罪行为而应当承担的以刑罚处罚、非刑罚处罚措施或者单纯有罪宣告等否定性评价为具体内容的法律责任。"刑事责任依据犯罪人所实施犯罪行为而产生，是犯罪人实施犯罪行为应当承担的否定性法律评价和刑事处罚的责任，是社会性和伦理性两者的统一。"[①]

一、刑事责任的特点

（一）刑事责任的法定性

刑事责任是刑事法律规定的法律责任。刑事责任的承担往往关系到行为人的生命、自由、财产或者其他重要权利的剥夺或受限，对行为主体关系重大。因而，行为人对其行为是否负刑事责任、负何种刑事责任以及如何负刑事责任都必须由刑法明确具体地加以规定。如《中华人民共和国刑法》（以下简称《刑法》）第14条第2款规定："故意犯罪，应当负刑事责任。"第15条第2款规定："过失犯罪，法律有规定的才负刑事责任"。

此外，《刑法》第17条规定了未成年人的刑事责任、第18条规定了精神病人和醉酒的人的刑事责任、第20条和第21条规定了正当防卫、紧急避险不负刑事责任、第30条规定了单位犯罪的刑事责任等。代表国家的司法机关只能依据法律规定决定是否追究犯罪人刑事责任以及如何追究刑事责任。这是罪刑法定原则的基本要求，是刑法人权保障机能的重要体现。刑事责任的法定性是刑事责任与其他法律责任在法律根据上的区别。

（二）承担主体的特定性

刑事责任是违反刑法、构成犯罪时，犯罪人承担的责任。实施犯罪行为是承担刑事责任的前提，刑事责任是实施犯罪行为的必然结果。这就决定了刑事责任承担主体的特定性。

[①] 温立平. 刑事责任研究 [J]. 湖北警官学院学报，2012，25(9)：77.

首先，只有犯罪人才能承担刑事责任："无犯罪就无刑事责任"已经成为刑法学界的共识与常识。犯罪是刑事责任的原因，没有犯罪的人根本不具备承担刑事责任的前提。行为人只有实施了符合刑法关于某一犯罪主客观构成要件的行为，才是犯罪。对于刑法规定的未满12周岁的未成年人和不具备刑事责任能力的精神病人实施的严重危害社会的行为，一律不能追究他们的刑事责任；对于符合刑法规定的正当防卫，紧急避险的行为，行为人不负刑事责任。

其次，刑事责任不能转移给他人。刑事责任因犯罪行为而产生，是一种严格的个人责任，根据罪责自负的原则，刑事责任只能由犯罪人自己承担，不能由他人代为承担，也不能殃及无辜：一方面，即使他人自愿代为承担，如父母愿意代替子女承担犯罪的刑事责任，法律也不允许。另一方面，如果行为人不符合追究刑事责任的条件或者出现了刑事责任消灭的事由，如超过追诉时效、犯罪人死亡等，致使行为人无法承担刑事责任，也不能由其他人代替行为人承担刑事责任。如未满12周岁的人故意杀人、已满12周岁未满14周岁的人强奸他人、已满14未满16周岁的人实施抢夺行为，按照刑法规定均不能令行为人承担刑事责任，也不能让其监护人代替其承担刑事责任。刑事责任的专属性与民事责任有着较大区别，民事责任的承担，如赔偿损失可以部分或者全部转移给其他人。

(三) 责任内容的特定性

刑事责任是刑法规定的以刑罚处罚、非刑罚处罚措施或者单纯有罪宣告之否定性评价为具体内容。刑罚处罚是指依照刑法规定的刑罚进行处罚，这种处罚不仅可以剥夺人的政治权利、财产权利、人身自由，甚至可以剥夺人的生命。对于犯罪情节轻微不需要判处刑罚的，可以在免予刑事处罚的同时，根据案件的不同情况，予以训诫或者责令具结悔过、赔礼道歉、赔偿损失，或者由主管部门予以行政处罚或者行政处分等非刑罚处罚措施；也可以在免除刑罚处罚后，不给予任何处罚，仅以有罪宣告表示对这种行为的否定性评价。

(四)承担方式的严厉性

与其他法律责任承担方式相比，承担刑事责任的方式是最为严厉的。从刑事责任的内容看，承担刑事责任的方式主要是刑罚处罚。刑罚表现为权利、自由的剥夺或者限制，轻者涉及资格与财产，重者则涉及自由甚至生命，这些权利与自由对个人来说至关重要，剥夺或者限制这些权利和自由对个人来说也是最为严厉的。当然承担刑事责任的方式中也有非刑罚处罚或单纯宣告有罪，但与刑罚处罚方式相比，这些方式居于次要的、辅助的地位。

(五)刑事责任的强制性

刑事责任是国家强制犯罪人承担的一种责任。刑事责任并非私人之间的博弈，不可以讨价还价，它是国家对犯罪人强制其承担的一种责任，直接借助国家强制力实现。由司法机关代表国家强制犯罪者承担刑事责任。通常情况下，即使被害人不追究犯罪人的责任，国家出于维护社会秩序和公共利益的考虑，也会追究犯罪人的刑事责任。即使在告诉才处理的自诉案件中，也存在自诉转公诉，由国家追究行为人刑事责任的可能。如《刑法》第246条第1款规定："以暴力或者其他方法公然侮辱他人或者捏造事实诽谤他人，情节严重的，处三年以下有期徒刑、拘役、管制或者剥夺政治权利。"其第2款规定："前款罪，告诉的才处理，但是严重危害社会秩序和国家利益的除外。"这就意味着如果侮辱、诽谤行为严重危害社会秩序和国家利益，即使被害人不告诉，司法机关也能追究行为人的刑事责任。由此可见，刑事责任具有强制性特点。

二、刑事责任的地位

(一)刑事责任在《刑法》中的地位

我国刑法总则分为五章内容，包括刑法的任务、基本原则和适用范围，犯罪，刑罚，刑罚的具体运用，其他规定。可见刑法总则的结构是按照犯罪—刑罚的结构构建的，并未形成犯罪—刑事责任—刑罚的刑法体系。刑事责任看似不在刑法总则当中，但实际上，每一个部分都与刑事责任有关。

总则中有13个条文在21处提及刑事责任。在第一章"刑法的任务、基本原则和适用范围"部分，罪责刑相适应原则要求"刑罚的轻重，应当与犯罪分子所犯罪行和承担的刑事责任相适应"。在第二章"犯罪"部分，第一节标题即为"犯罪和刑事责任"。其中，明确规定了刑事责任年龄和刑事责任能力、不负刑事责任和减轻刑事责任能力的情形。在第三章"刑罚"部分，各种刑罚适用对象、刑期、处遇的设置也都考虑了刑事责任。在第四章"刑罚的具体运用"部分，无论是量刑一般原则，还是具体的量刑制度，如累犯、自首、立功、坦白、缓刑都无法离开对犯罪人刑事责任的考量。

综上可见，刑事责任在刑法总则中的地位是不可或缺的。在刑法分则中，每一种具体犯罪及其法定刑的设置无不考虑了行为人承担的刑事责任。只有那些严重危害社会，立法者认为需要追究刑事责任的行为，才会被规定为犯罪，刑罚的设置考虑了罪与责的轻重。在司法实践中，对危害社会行为的罪与非罪的认定、刑罚的具体适用也不能脱离对行为人刑事责任有无和大小的判断。无刑事责任不能判处刑罚，刑事责任大小是判处刑罚轻重的重要标准。由此可见，刑事责任在刑法当中的地位是不容取代，甚至是举足轻重的。

(二) 刑事责任在刑法理论中的地位

我国从20世纪80年代起，开始在刑法理论中涉及刑事责任问题，进入20世纪90年代，逐渐受到重视，在一些著作和教材中出现了刑事责任的章节内容，刑事责任在刑法理论中逐渐占有一席之地。但关于刑事责任的具体定位，理论界还有争论，也存在多种学说，主要有责—罪—刑说、罪—责说和罪—责—刑说。

责—罪—刑说认为，刑事责任是刑法中的根本概念，是刑法的内在生命，没有刑事责任也就没有犯罪，也就不应当受到刑罚处罚。因此，刑事责任作为刑法学的基本理论应该置于犯罪论之前，形成责—罪—刑的理论体系。

罪—责说认为，犯罪是刑事责任的前提，刑事责任是犯罪的后果，因此犯罪论应该居于刑事责任论之前。刑罚虽然是承担刑事责任的基本方式，但并非唯一方式，还存在非刑罚处罚措施，因此刑罚与非刑罚处罚方式都只是刑事责任的下位概念，不能与刑事责任相提并论。刑法的理论体系应该是罪—责体系。

罪—责—刑说是目前的通说，该学说认为，犯罪、刑事责任、刑罚是各自独立又相互联系的三个范畴，刑事责任确实是联结犯罪与刑罚的纽带。犯罪是刑事责任的前提，刑事责任是犯罪的后果；同时刑事责任是刑罚适用的前提，刑罚是实现刑事责任的基本方式，虽然也有非刑罚处罚措施和单纯的有罪宣告等否定性评价形式，但是毕竟刑罚是最主要的刑事责任承担方式，因而刑法学的理论应当遵循犯罪论—刑事责任论—刑罚论的体系。

第二节 刑事责任的依据与发展

一、刑事责任的依据

刑事责任的根据包含两个层面：一是国家基于何种前提、基础或决定因素追究犯罪人的刑事责任；二是犯罪人基于何种理由承担刑事责任。国家追究犯罪人的刑事责任也就是犯罪人承担刑事责任的根据，因此二者只是立基于不同的侧面，实际上是统一的。对这个问题的研究有助于明确国家追究犯罪人刑事责任的正当性，也能解释犯罪人承担刑事责任的理由，有助于犯罪人心悦诚服地承担刑事责任。对刑事责任根据的探讨存在多种学说和视角，其中刑事责任的哲学和法学依据是最为常见的两种。

(一) 刑事责任的哲学依据

从哲学上考察刑事责任的依据必然涉及人的意志自由问题。刑事责任与人的自由意志关系密切，因此追究刑事责任的依据不能忽视哲学视角。

我国刑法探究刑事责任应该坚持相对意志自由是人承担刑事责任的哲学依据。物质决定意识，社会生活条件决定人的意识，但是人并非被动地被决定，而是有其意志自由与主观能动性。意志自由只是借助于对事物的认识来作出决定的能力。可见，人可以借助自身对外物的认识作出自由的选择。人有相对的意志自由，因而对自由选择实施的行为应该承担责任。具体到刑法领域，国家将严重危害社会的行为规定为犯罪，行为人本应选择守法，却选择了犯罪行为，或者没有避免实施这些行为，就应该对自己选择的犯罪行为承担刑事责任。但是如果行为人确实是在无法认识、无法选择的情况下，作出危害社会的行为，就不应该追究其刑事责任。可见，我国刑事责任的哲学依据在于行为人实施犯罪时具有相对意志自由。

(二) 刑事责任的法学依据

刑事责任的哲学依据解决的是追究犯罪人刑事责任的终极原因。那么刑事责任的法学依据是从法律层面探求追究犯罪人刑事责任的具体依据和具体标准。刑事责任的法学依据存在罪过说、犯罪行为说和犯罪构成说等不同主张。通说认为，刑事责任有无的法学依据是行为是否符合犯罪构成。

罪刑法定是刑法的基本原则，犯罪成立与否必须以刑法对某种行为有无具体规定为准。表现为刑法有无为某种行为规定具体的犯罪构成。犯罪构成是某种行为构成犯罪的主观要件和客观要件的统一体，是区分罪与非罪的标准。行为只有符合刑法规定的犯罪构成才成立犯罪，否则即使有社会危害性也不能作为犯罪处理，不能追究行为人的刑事责任。因此，犯罪构成就成为行为人有无刑事责任的法律依据。

但是，刑事责任的法学依据不应局限于刑事责任的有无，还应该考虑刑事责任的程度。因为刑事责任是质与量的统一，确定刑事责任不仅要解决刑事责任是否存在的问题，还要解决刑事责任程度大小的问题。犯罪构成主要解决的是刑事责任存在与否的问题，在决定刑事责任程度方面还要考虑其他的反映犯罪行为社会危害性和犯罪人人身危险性的刑法规定。

换言之，刑事责任程度的依据是行为符合社会危害性程度不同的犯罪构成和构成要件之外的影响行为的社会危害性和人身危险性大小的因素。这些因素主要包括未成年人、聋哑人、盲人、防卫过当、预备犯、未遂犯、中止犯、主犯、从犯、胁从犯、自首、坦白、立功等。

二、刑事责任的发展

犯罪是产生刑事责任的前提，追究刑事责任是犯罪的法律后果，但是刑事责任不仅是一种理论探讨，也不是仅停留在纸上的抽象法律规定，而是要通过司法机关的实践活动落实到具体的犯罪人身上。从刑事责任的产生到确认再到实现需要运用一系列的程序,经过一个过程才能最终完成。"静态的结果性责任必须转向动态的过程性上来,这种转变是通过将犯罪构成等同于责任构成的普适性命题完成的,从而责任以消散的方式存在于整个惩罚的过程,过程即是责任的存在。"① 这就涉及刑事责任的发展阶段问题。

(一)刑事责任的产生

刑事责任的产生阶段始于犯罪行为实施之时,终于监察机关对公职人员职务犯罪开始调查或者司法机关对刑事犯罪予以立案之时。关于刑事责任从何时开始,理论界观点不一致。这种认识分歧主要是因为未能正确区分应然层面的刑事责任开始时间和监察机关、司法机关实际追究行为人刑事责任的开始时间,以及犯罪人实际承担刑事责任的开始时间。此处探讨的刑事责任的开始时间是从应然层面探讨刑事责任的开始时间。

我国学者一般坚持刑事责任产生于犯罪行为实施之时。理由如下:

(1)刑事责任是犯罪的法律后果,只能随着犯罪而产生,只要行为人实施了犯罪行为,客观上就产生了刑事责任。

(2)行为人犯罪后,司法机关即开始对行为人追究刑事责任,如果刑事责任尚未开始,司法机关就没法追究刑事责任。

(3)《刑法》第17条第1—3款规定:"已满十六周岁的人犯罪,应当负刑事责任。""已满十四周岁不满十六周岁的人,犯故意杀人……应当负刑事责任。""已满十二周岁不满十四周岁的人,犯故意杀人、故意伤害罪,致人死亡或者以特别残忍手段致人重伤造成严重残疾,情节恶劣,经最高人民检察院核准追诉的,应当负刑事责任。"这些规定均表明刑事责任的开始时间与犯罪行为相伴相生。

(4)我国《刑法》第87—89条规定了追诉时效制度,犯罪经过一定的期限不再追诉,即不再追究刑事责任。这也说明犯罪后,刑事责任即已经产生,否则不会发生不再追诉的问题。

(二)刑事责任的确认

刑事责任的确认阶段,从监察机关对公职人员的职务犯罪开始调查或

---

① 高永明. 刑事责任的过程性研究——以刑事责任的地位切入 [J]. 海峡法学, 2013(4): 59.

司法机关对犯罪予以刑事立案时开始,到人民法院作出的有罪判决发生法律效力时止。这一阶段的任务在于确认行为人是否实施了犯罪行为、应否承担刑事责任、应承担何种程度的刑事责任,以及如何承担刑事责任。它是刑事责任从应然向现实转化的过程。证据的采集、犯罪成立与否的判断、刑事责任有无的甄别、刑事责任程度的确认都在这一阶段完成,因而它直接关涉到行为人的命运。司法机关务必以事实为依据、以法律为准绳确认行为人的刑事责任,保证办案质量。

司法的公信力、公正性主要在这一阶段实现,因而其地位至关重要。为了确保犯罪人的刑事责任得到准确的确认,立法机关在刑法中规定了严密的罪刑认定与适用制度,在刑事诉讼法中规定了严格的办案程序。

(三) 刑事责任的实现

刑事责任的实现阶段始于人民法院作出有罪判决发生法律效力之时,止于判决所确定的内容被执行完毕或者被赦免之日。刑事责任的实现是刑事责任发展阶段的核心。刑法规定刑事责任,依法追究刑事责任,最终都是为了实现刑事责任,所以这一阶段具有特别重要的意义。刑事责任的实现具体表现为以下三种情形:

(1) 判处刑罚的,刑罚执行完毕或者执行一段时间后罪犯被赦免。刑罚如期执行完毕,是最为常见的刑事责任实现方式。赦免往往出现在特殊时期,针对特殊的案件和特定的犯罪人。

(2) 判决免予刑罚处罚而对犯罪人适用非刑罚处罚措施的,具体的非刑罚处罚措施执行完毕。这种方式针对的是犯罪情节轻微,但还需要给予行政处分、行政处罚、赔礼道歉、赔偿损失等处罚的人。

(3) 判决免除处罚的,生效的免除处罚公开予以宣告即意味着刑事责任的实现。

第三节　刑事责任的实现方式

刑事责任的解决方式，是指对已经产生的刑事责任予以处理，使刑事责任得到终结。对刑事责任的解决方式存在许多不同的认识和争论。本书赞同将刑事责任的解决方式细分为刑事责任的实现方式和刑事责任的其他解决方式。前者是通过定罪判刑和定罪免刑使刑事责任得到实现，后者是通过消灭和转移处理解决了刑事责任承担问题。

一、刑事责任的实现方式

刑事责任的实现是指已经依法追究了犯罪人的刑事责任，具体实现了刑事责任的内容，包含定罪判刑和定罪免刑。

（一）定罪判刑

定罪判刑，即人民法院在认定犯罪人的行为构成犯罪的同时，作出给予犯罪人某种刑罚处罚的判决。定罪判刑是刑事司法实践中最基本、最常见的刑事责任解决方式。定罪是判刑的前提，只有定罪准确，才能正确判处刑罚。定罪涉及的是犯罪构成要件的考察、犯罪形态、犯罪形式和罪数的判断。判刑涉及刑罚的选择刑罚幅度的确定。

我国刑法规定了五种主刑和四种附加刑：主刑包括管制、拘役、有期徒刑、无期徒刑和死刑；附加刑包括罚金、没收财产、剥夺政治权利和驱逐出境。刑法分则中规定的每一种犯罪都配置了不同类型和不同幅度的刑罚，供法官根据犯罪人承担的刑事责任程度予以选择适用。

（二）定罪免刑

定罪免刑，即人民法院认定犯罪人的行为构成犯罪，但免除其刑罚处罚。定罪免刑也是刑事责任的解决方式，适用于一些犯罪情节较轻，刑事责任较小的犯罪人。与定罪处刑相比，是一种辅助性的、次要的刑事责任解决方式。根据我国刑法的规定，定罪免刑后有两种处理情形。

（1）免除刑罚处罚，但给予其非刑罚处罚。《刑法》第37条规定："对于犯罪情节轻微不需要判处刑罚的，可以免予刑事处罚，但是可以根据案件的不同情况，予以训诫或者责令具结悔过、赔礼道歉、赔偿损失，或者由主管部门予以行政处罚或者行政处分。""情节轻微"的判断要根据刑法及其相关司法解释的规定，综合考虑犯罪手段、犯罪对象、退赃情况及社会反应等情况，客观评价刑罚处罚的必要性。根据相关司法文件，被告人的行为已经构成犯罪，但犯罪情节轻微，或者是未成年人、在校学生实施的较轻犯罪，或者被告人具有犯罪预备、犯罪中止、从犯、胁从犯、防卫过当、避险过当等情节，依法不需要判处刑罚的，可以免予刑事处罚。

（2）免除刑罚处罚后，不给予任何处罚。是指人民法院对犯罪人作有罪宣告后，既不给予犯罪行为人刑事处罚，也不予以非刑罚处罚。定罪免刑并不意味着不存在刑事责任，因为免除刑罚是建立在确定行为人刑事责任、具备应受刑罚处罚性的基础上的。通过有罪宣告确认行为人刑事责任的存在，表明国家对犯罪行为的否定性评价。但是，由于行为人承担的刑事责任比较轻微，不需要以刑罚作为其后果，因而免除其刑事处罚。在免除犯罪人刑罚后可以不给予任何处罚。

二、刑事责任的其他解决方式

其他解决方式，是指刑事责任实现方式之外的其他使刑事责任终结的方式。

（一）消灭处理方式

消灭处理方式，是指行为人的行为已经构成犯罪，应当负刑事责任，但由于法律规定的事由的出现，使刑事责任归于消灭。国家不再追究行为人的刑事责任，行为人也不再为自己的行为承担刑事责任。这些法定的事由包括犯罪行为人死亡、被赦免后释放，或者犯罪已经超过诉讼时效。

基于上述事实，行为人的刑事责任归于消灭，这也是一种解决刑事责任的方式。

（二）转移处理方式

转移处理方式，是指行为人的刑事责任不由我国司法机关解决，而是通过外交途径解决的方式。我国《刑法》第 11 条规定："享有外交特权和豁免权的外国人的刑事责任，通过外交途径解决。"这是刑事责任转移处理的法律依据。转移处理针对的对象是特定的，是一种特殊的刑事责任解决方式。

除以上几种刑事责任解决方式外，其他强制措施不属于刑事责任的解决方式。如《刑法》第 17 条第 5 款规定："因不满十六周岁不予刑事处罚的，责令其父母或者其他监护人加以管教；在必要的时候，依法进行专门矫治教育。"第 64 条规定："犯罪分子违法所得的一切财物，应当予以追缴或者责令退赔；对被害人的合法财产，应当及时返还；违禁品和供犯罪所用的本人财物，应当予以没收……"这些强制措施均不是解决刑事责任的方式。

第二章　刑事诉讼的原理阐释

刑事诉讼是诉讼的一种，是指国家专门机关在当事人及其他诉讼参与人的参加下，依照法律规定的程序，解决被追诉人刑事责任问题的活动。本章主要内容围绕刑事诉讼的目的与价值、刑事诉讼的认识与结构、刑事诉讼的职能与阶段、刑事诉讼的法律关系展开。

第一节　刑事诉讼的目的与价值

一、刑事诉讼的目的

刑事诉讼的目的，是指国家进行刑事诉讼活动所要预期达到的理想目标。"刑事诉讼目的是区别于刑事诉讼法目的、刑法目的、刑事诉讼价值的概念。"[①] 刑事诉讼是控、辩、审三方共同活动的过程，各方在诉讼中有不同的利益追求，国家根据占社会主导地位的价值观念对诉讼各方的直接利益及其所反映的潜在利益进行权衡，使各方在诉讼中的活动受到统一的目的制约，任何一方都不得毫无限制地追求本方的利益，为自己的诉讼需要而不择手段。因此，刑事诉讼目的与控、辩、审中某一方参加刑事诉讼的目的是不同的。

刑事诉讼目的是整个刑事程序的灵魂，目的不同，表明在刑事诉讼中保护的利益侧重点不同，体现出国家与个人之间法律上的相互关系不同。早期的刑事诉讼以被害人的意志决定是否提起诉讼，诉讼结果中宣布对犯罪的处罚几乎以补偿被害人为唯一目的，反映了当时人们对于犯罪危害性的认识仍停留在原始的阶段，以为犯罪主要是对被害人个人利益的侵犯，补偿被害

[①] 高岚芝. 刑事诉讼目的一元论 [J]. 法制博览, 2022(5): 51-53.

人的诉讼目的反映了对于被害人利益的重点保护。

在封建专制制度下，以君主为核心的国家利益占据绝对优势地位，其他所有社会成员在与国家的关系上都是君主的臣民，任何触犯封建君主利益的行为，必然要受到严惩。处于这种价值观念支配之下的纠问式刑事诉讼自然以惩罚犯罪为唯一目的，诉讼中被告人只是被追究、被拷问的对象，谈不上什么权利。

资产阶级革命胜利后，以三权分立和国民主权原则为基础，建立了分权制衡的民主宪政体制，国家与个人之间的关系发生了质的变化。从国家方面来看，既有依据宪法和法律管理社会、处罚犯罪的权力，又有尊重法治和个人基本人权的义务；从个人方面来看，既是国家管理的对象，有遵守国家法律的义务，又是相对于国家而存在的社会生活的主体，依法享有不受国家权力侵犯的各项权利和自由。这种基于政治国家与市民社会的分离而产生的国家与个人之间的必经程序，同时也是保障个人基本人权的重要程序，刑事诉讼的目的由纠问式刑事程序中惩罚犯罪的单一目的，转变为惩罚犯罪与保障人权并行的双重目的。这种双重性要求国家司法机关在公正地惩罚犯罪的同时，还应当注意遵守正当、合法的程序，防止公民的权利和自由受到非法或不当的侵害。因此追求惩罚犯罪与保障人权的统一，成为现代各国刑事诉讼的共同目的。

(一) 惩罚犯罪及其实现

犯罪，即刑事侵害或冲突，是统治阶级根据自己的利益和意志拟定出来的概念，它是一种存在于阶级社会中、对统治秩序和社会关系有着直接侵害和威胁的、最为严重的权益冲突。犯罪是阶级社会的一种特有现象，自从有了私有制、阶级和国家，也就有了犯罪概念和犯罪现象。因此，当统治阶级意识到犯罪不仅仅是冲突主体之间的权利义务纠纷，而直接与统治秩序和社会生活密切相关时，对冲突进行有效控制就成为关系统治者根本利益的重大问题。

犯罪是对社会公共秩序的严重破坏，而不是主要对被害人个人利益的侵犯；国家既然是社会公共利益的代表者，就有责任保护社会成员不受犯罪行为侵害，在发生犯罪侵害时，国家有义务采取法律允许的手段及时查获犯罪人，并使之受到应得的惩罚，以恢复法律程序，预防社会再次受到犯罪的侵害，同时满足被害人和社会公众的泄愤心理。在这个意义上，可以说，惩罚犯罪作为刑事诉讼的目的是国家实现阶级统治职能与公共管理职能的需要。

国家通过行使刑罚权来实现惩罚犯罪。刑罚权作为一种公权，现代国家严格禁止私人自行动用，刑事诉讼则是国家司法机关为实现这一权力而进行的专门活动。除刑事诉讼活动外，其他国家任何活动都不能直接使用刑罚，都没有运用刑罚手段的权力。

在刑事诉讼中，司法机关根据法律规定的职权，办理刑事案件，分别行使侦查、起诉、审判等权力，对犯罪进行追究，其根本目的是确定被告人的行为是否构成犯罪，应否判处刑罚及判处何种刑罚。为了实现国家惩罚犯罪和刑事案件的解决符合统治阶级利益的需要，国家总是根据形势的变化制定出符合自身利益的诉讼程序，用法律加以规范，作为法定规则指导和制约诉讼活动的进行。

首先，赋予侦查、起诉机关足够的权力、人力和合法强制手段，用于收集罪证、查获罪犯，并以国家追诉作为刑事起诉的基本原则，保证控诉方有充分的举证能力和获得有罪判决所必要的有罪证据。

其次，在不损害程序公正的前提下，赋予法院或者经过法院批准的侦查、起诉机关采取羁押、搜查、扣押、鉴定、监听、邮检等诉讼强制措施的权力，对犯罪嫌疑人和被告人的人身自由和财产加以限制，防止其逃避或妨碍国家刑罚权的确定和实现。

最后，规定有利于国家查明犯罪事实的证据法则，为国家证实犯罪、惩罚犯罪提供事实上的便利条件，如尽可能少地限制证据能力，允许法官和陪审员自由判断证据的证明力，允许法官依职权调查证据，英美法系甚至允许以被告人在法庭上的口供（有罪答辩）作为有罪判决的唯一证据，等等。

(二) 保障人权及其实现

保障人权作为刑事诉讼的目的，是近代以来人权理论和国民主权的政治原则发展的结果。在古代社会，由于观念上肯定国家权力本位，认为国家权力与个人权利相比，国家权力是根本也是目的，因而主张国家权力至上，个人权利必须服从国家权力。在这种国家权力本位主义观念的影响下，国家权力存在的唯一目的就是维护公共或集体的利益。为了有效维护公共、集体的利益，国家权力的行使几乎不受任何限制，可以任意限制或剥夺个人的权利；反之，个人的权利则毫无尊严和保障可言，只能永远匍匐于国家权力之下，当个人权利与公共、集体利益发生冲突时，个人权利只能无条件地服从公共、集体利益的需要。

近代以来，经过资产阶级启蒙思想的洗礼，人们才意识到：国家权力与个人权利相比，国家权力本身并不能成为目的，个人权利才是基础和本源，国家权力只是保障个人权利得以实现的工具或曰手段，国家权力存在的唯一合法性，就在于为个人权利提供保护。因此，国家权力的行使应当以保障个人权利为宗旨，而不能反过来任意侵凌个人权利。同时，在政治国家与市民社会相分离的现代社会结构中，每个人作为平等的社会主体，在私法自治领域拥有不受公权侵犯的基本权利和自由，即使出于保护社会公共利益的需要也不得侵犯个人作为人而应有的基本人权；相反，以国家名义出现的政府必须在代表市民意志的法律授权范围内并在合理的限度内依照法律事先规定的程序行使权力，为实现刑罚权而采取的任何措施必须受到法律的严格限制，政府在推进刑事诉讼的每个环节上都必须有法律上的根据和理由。

不仅如此，现代民主宪政除要求政府权力以及以此权力为后盾的强制手段受到节制并承诺不侵犯个人权利外，还要求政府积极创造条件，采取有效措施，为个人基本人权的实现提供切实的保障。在宪法上具有独立地位的司法机关更要在刑事诉讼中担当个人权利的维护者，对政府为追究犯罪、惩罚犯罪而采取的各项强制措施的合法性和合理性进行司法审查，使刑罚权的实现过程及刑罚权本身都符合法律规定的全部公正性要求。在这个意义上，刑事诉讼法是保障个人基本人权不受政府非法的或者无理侵犯的制度。

从程序上看，刑事诉讼中所谓保障人权，主要有三层含义：①保障任何公民不因政府非法强制而沦为犯罪嫌疑人或被告人，即保障个人免受无根据的或者非法的刑事追究；②保障犯罪嫌疑人和被告人在整个刑事诉讼过程中受到公正的待遇，既要保证无罪的人尽早脱离追究程序，又要使有罪的人的合法权益得到适当的维护；③保障被依法认定有罪的被告人受到公正的、人道的刑罚处罚，禁止使用酷刑和其他不人道的刑罚或非刑罚制裁。

刑事诉讼中保障人权的核心是保障犯罪嫌疑人、被告人的权利和自由，但绝不仅仅是保障犯罪嫌疑人、被告人的权利和自由，而是通过保障犯罪嫌疑人、被告人的权利和自由来捍卫和保障全体公民的个人权利。刑事诉讼以保障人权为目的来捍卫和保障全体公民的个人权利，其根本意义在于，面对以保护公共利益的名义提出刑事指控的强大政府，任何受到指控的个人都有充分的条件对抗非法迫害和专横武断的追诉，使政府在宪法和法律授权的范围内采取可能损害个人权益的追诉行动。政府与个人在反映国民意志的民主宪法和法律面前是平等的，个人有权维护自己的合法权利是被告人权利和自由的逻辑起点。

从内容上看，刑事诉讼中所保障的人权涉及实体性权利和程序性权利。其中，实体性权利包括生命权、人身自由权、人格权、平等权、私生活秘密权、住宅权、财产权、言论自由权等；程序权利即宪法和法律赋予个人用以保护实体性权利、对抗政府非法或无理侵权的基本诉讼手段。程序性权利是实现实体性权利在刑事诉讼程序中的延伸，又具有相对独立性，其目的是维护实体性权利；而实体性权利在刑事诉讼程序中的实现，有赖于程序性权利的行使。在刑事诉讼中只有保障实体性权利和程序性权利完整地行使，并使两者相适应、相协调，才能实现刑事诉讼保障人权的目的。

1. 犯罪嫌疑人和被告人的人权保障

犯罪嫌疑人和被告人是刑事诉讼中的中心人物，刑事诉讼中的一切活动都是围绕确定犯罪嫌疑人和被告人的刑事责任展开的。为此，法律一方面应要求专门机关不得滥用权力，另一方面还应赋予犯罪嫌疑人、被告人为维护其实体性权利不受非法侵害所需的程序性权利。具体如下：

第一，通过赋予犯罪嫌疑人和被告人的各种程序性权利，确保个人的诉讼主体地位，把个人在社会中的主体地位延伸到刑事诉讼中。其中，程序法定主义、无罪推定原则、沉默权或不受强迫自证其罪的权利和辩护权（特别是对控方证人的反对发问权和以国家强制力传唤本方证人的权利）以及接受公正审判的权利，是被追诉者主体地位的基本标志，也是捍卫个人基本人权不受政府非法侵犯的核心武器。就这一点而言，个人在现代社会中的地位直接影响到犯罪嫌疑人、被告人在刑事诉讼中的地位，后者只不过是前者在诉讼中的表现而已。

第二，对侦查、起诉权力的行使以及各种具体强制措施的条件、期限、程序以法律的形式明确限定，对政府可以在刑事诉讼中动用的权力加以严格限制。如强制侦查法定原则、司法令状主义、适用强制措施的比例原则（合理性原则或适当性原则）、违法收集证据的排除规则、对公诉权的司法审查和民众审查、控方证明责任的履行必须达到排除合理怀疑的程度、一事不再理原则等，无一不体现出限制诉讼中的政府权力的精神。但这些限制权力的原则和措施的落实程度却与政府在政治、经济、社会生活中相对于个人的现实地位有密切的关系，一个缺乏民主基础的政府对于这些原则和措施即使在法律上给予承认，但在现实社会中也不会认真去执行。

第三，以控、审分离和不告不理原则等手段限制审查权的启动，实行审判中心主义，以审判程序对政府的强制权力的行使进行终局性的审查，并通过人事、财政等资源配置措施和法律职业的专门培训程序以及辩论、公开、陪审或参审、言词直接原则等广泛的系统化、制度化的措施，保证司法的独立性、公正性和权威性。

2.刑事被害人的人权保障

在诉讼民主和保障人权的价值中，必须既重视被追诉人的权利保护，又重视被害人的权利保护。在犯罪日益猖獗和个人权利日益凸显的双重背景下，重视被害人的权利保护更为必要，能更加全面地体现刑事司法的公正和社会秩序的稳定。1985年，联合国大会通过的《为罪行和滥用权力行为受害者取得公理的基本原则宣言》（以下简称《宣言》），以联合国文书的形式集中规定了保障罪行受害者的基本原则。这表明，加强对刑事被害人权益的保障，已成为世界各国的一项共识。其具体内容如下：

第一，取得公理和公平待遇。这是关于被害人保障的原则性规定，内容包括：对罪行受害者应给予同情并尊重他们的尊严；使受害者能迅速、公平、便利地得到补救；受害者有获知有关信息、参与诉讼和提出有关主张的权利；尽可能为受害者提供便利，保护其隐私，并确保他们及其家属和为他们作证的证人的安全。

第二，赔偿。在案件处理中解决好对被害人的赔偿问题，不仅可以维护被害人的利益，使财产蒙受损失的被害人得以正常生活和进行生产，而且对某些案件而言，还可能修复或缓和被犯罪破坏了的被告人与被害人之间的关系，有利于维护社会秩序的稳定。《宣言》关于赔偿的规定，有两个显著的特点：①应负赔偿责任的主体较为广泛且明确；②赔偿的范围广泛、方式多样。

第三，补偿。为使不能从加害人或应负责任的人那里得到赔偿或不能得到充分赔偿的被害人的损害得到弥补，《宣言》规定了由国家补偿被害人的原则。当无法从犯罪或其他来源得到充分的补偿时，会员国应设法向这些人提供金钱上的补偿：遭受严重罪行造成的重大身体伤害或身心健康损害的受害者；由于这种受害情况致使受害者死亡或身心残障，其家属特别是受扶养人。

第四，援助。关于援助受害者，《宣言》规定了相关原则：①应在整个法律过程中向受害者提供适当的援助；受害者应从政府、自愿机构、社区方面及地方途径获得必要的物质、医疗、心理及社会援助。②应使受害者知道并能利用这些服务和援助；应对警察、司法、医疗保健及其他有关人员进行培训，以确保适当和迅速的援助；向受害者提供服务及援助时，应注意那些具有特殊需要的受害者。

此外，在刑事诉讼过程中，除犯罪嫌疑人、被告人的人权和刑事被害人的人权保障外，当然也涉及其他诉讼参与人的权利保障。其他诉讼参与人，是指除了当事人以外的诉讼参与人。他们在刑事诉讼中同样依法享有为参加诉讼活动所必需的诉讼权利，但一般来说，与犯罪嫌疑人、被告人、刑事被害人相比，刑事诉讼涉及其自身的实体性权利并不那么重大。

(三) 惩罚犯罪与保障人权的关系辨析

刑事诉讼中，惩罚犯罪与保障人权的关系是对立统一的。在以民主主义为基础的现代法治社会中，由于政府权力本身就是以保障个人权益为存在依据的，惩罚犯罪与保障人权作为刑事诉讼的双重目的从根本上说是一致的。政府依法追究犯罪，虽直接出于维护法律秩序、保护社会公共利益的需要，但同时也是每一个社会成员谋求生存和幸福的安全保障，即使是确定无疑的罪犯，也不可能放弃国家的司法保护而容忍他人侵害其合法权益；同样，保障人权虽然核心是保障犯罪嫌疑人和被告人个人的合法权益不受政府的非法侵犯，但同时也是民主政府赖以存在的合理根据，只要是承认人民主权原则的法治国家，就不可能在惩罚犯罪的过程中完全忽视个人的基本人权。因此，采取民主宪政体制的现代各国，无论其实现民主的具体形式以及民主程度如何，无不在刑事诉讼中追求惩罚犯罪与保障人权的尽可能统一。

从理论上看，惩罚犯罪与保障人权应当并重，任何一方都没有优越于另一方的理性根据。片面强调惩罚犯罪，轻视或者忽视人权保障，必然导致政府权力恶性膨胀、任意拘捕、无理追诉和不公正的审判，甚至不经任何程序非法剥夺个人的自由、财产乃至生命。反之，片面强调保障人权，轻视惩罚犯罪，过分限制政府的权力，势必导致犯罪活动猖獗，社会不得安宁，个人的权利最终还是得不到保障。只有把惩罚犯罪与保障人权紧密结合起来，对二者同等看待，才能在政府权力与个人权利之间达到平衡，使刑事诉讼的过程和结果既符合政府所代表的公共利益需要又能满足个人作为社会生活的主体所应该享受的宪法和法律保护的基本权利需求，使立足于个人自由、平等地追求幸福权利的民主法治社会能够持久地存在和发展下去。

但在现实的刑事诉讼中，惩罚犯罪与保障人权却总是表现出明显的对立。产生对立的原因主要在于特定时空条件下政府与个人在刑事诉讼中所追求的利益的冲突。从惩罚犯罪方面看，政府能够用于证实、惩罚犯罪的人力、物力的有限性，代表国家执行职务的侦查、起诉和审判人员的素质和相应的技术手段的有限性，以及犯罪的复杂性和新型化，加之有关惩罚犯罪的立法和刑事政策并不总能反映多数社会成员的正当要求，使得政府在实现惩罚犯罪的目的过程中，不可避免地会出现一些违章越轨甚至侵犯人权的行为，或者通过修改刑事政策，采取某些限制个人权利的措施，从而导致个人在刑事诉讼中地位低下、待遇恶化，使司法工作质量降低，错案相对增加。

从保障人权方面看，受经济发达程度、政治民主化程度、法治化程度、社会多元化程度等各种因素的影响，立法上所承认的个人权利（法定权利）在范围上一般总是少于个人相对于政府的正当权益（应有权利），而且法定权利在实际落实过程中又会受到一定的"折扣"。法定权利与应有权利、应有权利与实有权利之间客观存在的差距，使得个人在刑事诉讼中的行为不可避免地会超越法定的界限，甚至利用法定权利为自己开脱罪责。同时，国家也不可能完全杜绝侦查、起诉和审判人员在刑事诉讼中侵犯个人的权利的行为，而这些行为和法律上的不足，又反过来刺激个人采取更极端的手段来破坏现有的法治秩序或诉讼规则，增加惩罚犯罪的压力或阻碍惩罚犯罪目的的实现。为了充分尊重个人的基本人权，维护政府的民主根基，立法和司法机关往往不得不默认个人的某些阻碍或逃避追究的行为，放弃对部分犯罪的惩罚，或者对政府公职人员侵犯个人权利的行为采取极为严厉的制裁措施，导致已经受到追究的犯罪分子"合法"地被宣告无罪或从轻发落。这样就自然影响了惩罚犯罪目的的完全实现。

惩罚犯罪与保障人权双重目的的对立，要求立法机关和司法机关本着利益权衡的原则进行极为慎重的政策选择，虽然任何选择的结果都不可避免地要付出不愉快的代价，但这是现实社会的必然要求。至于如何选择，各国学者意见不一，有主张惩罚犯罪优先者，认为在刑事诉讼过程中，可以为了最大限度地实现惩罚犯罪的目的而限制个人权利，甚至即使非法损害个人的基本人权，只要惩罚犯罪的利益确实需要，在诉讼范围内也可默认；也有提倡保障人权优先者，认为个人的基本人权是政府惩罚犯罪时所不可逾越的最后一道防线，为了保障个人的基本人权，是可以放纵少部分犯罪的。

然而，从法律实证主义的角度来考察，现代社会没有哪个国家在刑事诉讼目的的选择上采取极端的态度；相反，近代以来的刑事诉讼发展史却表明，各国对于惩罚犯罪与保障人权关系的处理，大体上都采取了一种"折中"的立场，即在充分肯定追求一方面目的的同时，对于另一方面的目的也给予不同程度的关注。不同国家对于政府与个人之间利益冲突的政策选择既受到政治、经济、文化条件的制约，又受到历史传统尤其是社会主流价值观念的影响；即使在同一国家，由于不同时期的政治、经济、文化条件、社会治安状况以及社会价值观念的变化，立法和司法机关对于刑事诉讼双重目的的追求，也处于不断变化的过程之中。可以说，刑事诉讼中惩罚犯罪与保障人权的双重目的在本质上的静态统一，总是通过立法和司法机关在特定条件下的不同选择所反映出的动态对立而实现的。

当然，立法机关关于诉讼目的的政策选择以及司法机关对于该目的实现过程中遇到的具体问题所作的裁量决定，并不是没有基准的"钟摆式"摇动，虽然特定的国家可能针对特定犯罪或者特定时期的犯罪状况采取一定的偏向于惩罚犯罪的措施，如法国、英国关于打击恐怖犯罪的特别程序规定、美国对于保释制度的修改和重罪被告人羁押条件的放宽等，但就世界范围内刑事诉讼制度发展的整体趋势来看，在惩罚犯罪过程中进一步尊重个人的正当权益，不断扩大和切实保障犯罪嫌疑人和被告人的法定权利，仍是国际性趋势，以最小限度地侵害人权的代价，收到最大限度地惩罚犯罪的效果，是各国刑事诉讼制度发展过程中所孜孜以求的理想。

二、刑事诉讼的价值

刑事诉讼价值，是指人们据以评价和判断一项刑事诉讼程序是否正当、合理的伦理标准，也是刑事诉讼程序在其具体运作过程中所要实现的伦理目标。"为了有效保障刑事诉讼环节的安全性与可靠性，必须构建起科学有效的价值观念。"[①] 在我国关于刑事诉讼的价值，理论上一直存在目的价值观和过程价值观两种迥然对立的观念。

（一）目的价值观

首先，早期的诉讼价值理论渊源于一般法律价值理论，并力图与法律学界关于法律价值的已有研究成果保持一致。站在法哲学的角度，法的价值一般被认为是法律作为客体对于主体——人的意义，是法律作为客体对于人的需要的满足。在这一视角下，将诉讼的价值定义为：诉讼活动通过满足社会及其成员的需要而对国家和社会所具有的效用和意义。显然，这一定义是一般意义上的价值概念在诉讼领域的直接套用。

根据不同学者的归纳，秩序、安全、正义、自由和效益等价值纷纷被以不同的标准加以排列、组合，作为诉讼价值进入诉讼法学研究领域。刑事诉讼对国家、社会及其一般成员的功能、效用和意义以及后者对前者的需求，都是多层次、多方面的。与此相适应，国家、社会及其一般成员通过诉讼便形成了多层次、多方面的价值关系。概括而言，刑事诉讼的法律价值大体包括秩序、公正（或曰公平、正义等）、效益诸项内容。尽管秩序、公正、效益这些内容也是其他法律的价值，但刑事诉讼满足国家、社会及其一般成员对秩序、公正、效益的需要，是通过处理刑事案件来实现的，这一点与其他法律价值是不同的。

与此同时，自由与安全才是在刑事程序设计与操作中相冲突的两项基

---

① 孙少敏. 论刑事诉讼的价值和目的 [J]. 经济研究导刊，2017(28)：193.

本诉讼价值。正是对这两种价值的追求构成了整个现代刑事诉讼实践的基本内容。根据这种观点，公正、效率虽是刑事诉讼的价值目标，但是却是居于自由、安全之下的次级价值目标，公正是自由价值的内涵之一，而效率则是安全价值的必然要求。

在民事诉讼领域，公正、效率、效益是诉讼程序的三大价值目标，这三大价值目标具有各自特定的含义和要求，同时三者之间又具有密不可分的联系，三者互相包容，公正应当是讲究效率、追求效益的公正，效率应当是在公正的基础上并符合效益原则的效率，效益应当是既有效率又符合公正的效益。行政诉讼的价值构成则包括效益、秩序、公正和自由。

诉讼所追求的社会理想和实体目的——不管是自由和安全，还是秩序、公正和效益——视为是诉讼的价值，由于这一观点主要是从诉讼制度想要实现目的的角度来认识诉讼的价值，因此我们称为目的价值观。目的价值观的理论优势在于，将自由、秩序、效益等作为诉讼的价值目标，揭示了诉讼制度的实体目的和社会理想，从而也揭示了诉讼制度存在的正当性和合法性根基，这是因为，从根本上讲，自由、秩序等价值是人类社会存续、发展的最基本需要，国家设立诉讼制度的最原始动机就是解决社会生活中的各种纠纷，维护社会的秩序与安全，进而确保公民的个人自由。因此，将自由、秩序等作为诉讼的价值目标充分体现了诉讼制度对人的这种基本需要的满足，揭示了诉讼制度存在的正当基础和终极目的就是保障自由、维护秩序；同时，自由、秩序等价值作为诉讼制度的理想，也为诉讼制度自身的发展提供了目标和导向，成为推动诉讼制度朝着这一终极目标发展、完善的不竭动力。

但是，人作为一种复杂的社会主体，其需求具有多样性，这就决定了诉讼的价值不可能表现为单一的目的价值，而是一个内涵丰富的多元价值系统，本身包括了不同层级的子系统，仅仅将诉讼的价值归纳为目的价值这一层面，对诉讼价值的认识显然是过于狭窄了。从主体需求的角度而言，人民对诉讼的期望（或者说需要）不仅是获得最终的胜诉，更希望获得一个"满意"的判决，因此，诉讼的价值不仅体现在通过查明案件真相、发现实体真实，即满足人民自由和秩序的需要，更重要的是从心理或行动上解决纠纷，而这就要求纠纷解决的过程必须保持一定程度的形式合理性，如刑事程序本身的组织结构必须具有中立性、平等性、公开性等。

诉讼除了目的意义上的自由、秩序价值以外，还必须具备一种形式价值，即诉讼程序本身必须具备形式理性，保持中立、平等、公开和参与性，这些形式价值实际上也是对人的需要的满足，因此也应当是构成诉讼价值系统的重要组成部分，诉讼的价值体系应当是一个由目的价值系统和形式价值系统共同构成的多元价值体系。而对此，目的价值观的理论阐释是无能为力的。

（二）过程价值观

从理论谱系上看，过程价值观是在反思目的价值观的理论缺陷的基础上产生的，并逐渐成为我国诉讼理论界目前的通说。针对目的价值观的不足，从目的价值的角度界定诉讼的价值，容易导致程序对实体的从属和附庸，我国学者关于诉讼目的价值理论的最早反思，提出了关注诉讼程序价值或曰过程价值的理论先声：那种将程序看作刑事实体的附庸的观点，没有看到程序是以实效性的权威决定着刑事实体的现实形态。程序不是刑事实体的影子，而是可以使刑事实体美化或丑化的独立的力量。从实效性的角度看，程序比刑事实体能更直接触动社会的神经，能更直接地体现刑事诉讼活动是公正、正义的，还是偏私、罪恶的。只有对程序达到具有独立人格的理解，对程序问题的讨论，才能有自信，刑事程序的理论才能在刑事实体理论面前抬起头来，寻求有历史感的独立意义。

有学者在此基础上进一步挖掘了目的价值观的哲学认识论根源，认为将诉讼价值定位为自由和秩序等价值是因为没有对诉讼中的价值问题做出具体的和有针对性的探讨，而这是由于我国长期以来片面重视哲学认识论、忽视哲学伦理学的结果，这种将价值定位于认识论上的主体与客体之间关系的观念，只能推导出"价值就是有用性"的结论。而有用性又可以称为实用性、工具性或者功利性，以此为基础来分析法律价值问题，所得出的结论将永远不会摆脱功利主义、实用主义甚至生具主义的束缚。为此，该观点主张摆脱认识论束缚，从哲学伦理学即道德评价的角度来认识刑事诉讼的价值。

具体而言，从哲学伦理学的角度来看，价值也就是所谓的"善"，是人们值得追求和向往的"善"。在伦理学上，"善"是一个最普通的褒义形容词，意为一种高尚的、至少是令人满意的品质的存在，他们或者本身是值得羡慕的，或者对于某种目的来说是有用的。显然，伦理学意义上的价值可以被区分为工具价值与固有价值两个方面，也就是"作为方法的善"和"作为目的的善"。

据此，人们对诉讼程序的评价，也就是与一般意义上的价值评价一样，可以有两项独立的价值标准：①外在价值或者工具价值，也就是诉讼程序对于实现某一外在目标而言是否有用或者富有意义；②内在价值或者固有价值，也就是该项程序本身是否具有独立的内在优秀品质。诉讼的价值应当是一种过程价值。作为一种过程价值，诉讼价值不是指什么抽象的安全、自由、秩序和正义价值，而包含着诉讼的内在价值（或公正价值）与功利价值（或工具价值）两个方面。为实现其内在价值，诉讼程序在设计上必须符合特定的伦理价值标准，具有特定的内在优秀品质。而为实现其功利价值或工具价值，诉讼程序在设计上还必须考虑如何对实体法的正确实施具有积极的效用和保障意义。

程序除了具有促成结果公正的工具性价值之外，程序过程本身也具有某种独立的内在优秀品质，因此称为过程价值观。过程价值观的提出具有重要的理论意义，它突破了传统的目的价值观的窠臼，揭示了诉讼法作为一种程序性法律在价值追求上与实体性法律的区别与独特性。由于过程价值本质上属于一种形式价值，因此，过程价值观实际上是主张诉讼法作为一种程序法除了目的性价值的追求之外，本身的结构和组织也体现着一种形式性价值。这就为我们全面认识诉讼的价值体系提供了全新的视角。

诉讼的目的价值与形式价值，也即实体公正与程序公正之间，在解决纠纷这一前提下，具有功能一致性，两者都服务于解决纠纷这一目的，只是各自的着眼点不同（实体公正着眼于在行动层面上解决纠纷，而程序公正立足于从心理层面解决纠纷），因此，追求实体公正与遵循程序公正，两者并不矛盾，且追求实体公正往往要以遵循程序公正为前提。但是，这并不意味着我们就是在主张一种"兼顾论"或"平衡论"，对于目的价值和形式价值，不作任何区分对待。实际上，由于目的价值与形式价值，也就是实体公正与程序公正之间内在规定性的不同以及资源的有限性，在两种价值实现过程中，难免产生冲突，出现难以兼顾的情况，此时就会面临如何进行价值选择的问题。

　　基于目的价值与形式价值、实体公正与程序公正两种价值各自的内在属性，在两者发生冲突的情况下，应当坚持程序优先的价值选择方案，即在无法兼顾实体公正与程序公正的前提下，程序公正的实现具有优先性，有限的资源配置应当首先致力于实现程序公正。这是因为，案件事实的复杂性、可塑性以及法律适用的不确定性，都决定了实体公正内涵的不确定性，而程序本身的自治性、形式性、刚性和安定性能够最大限度地保证程序公正内涵的确定性。

　　在通过程序公正能够实现实体公正，也就是两者不矛盾、不冲突的情形下，实体公正的不确定性因为程序公正的确定性而得以缩减、吸收，所以一般不致面临正当性质疑，但是，在两者发生分离、产生直接冲突的情况下，实体公正内涵不确定性的弊端，就充分暴露出来了，内涵不确定的实体公正对于司法或诉讼这一功能有限的社会纠纷解决机制来讲，就显得有些虚无缥缈、无法追寻；与之形成鲜明对比的是，内涵确定的程序公正却是真实、触手可及的。在这种情况下，如果仍然放弃现实的程序公正的目标，而致力于虚无缥缈的实体公正的实现，不但是资源的浪费，而且会导致司法裁判的结果面临来自当事人以及社会公众的正当性质疑，这显然不符合诉讼机制解决纠纷这一根本目的。因此，在实体公正与程序公正发生冲突而难以兼顾的情形下，坚持程序优先，是唯一现实、可行的价值选择方案。

第二节　刑事诉讼的认识与结构

一、刑事诉讼的认识

（一）刑事诉讼认识的主体

　　诉讼是国家司法机关在当事人和其他诉讼参与人的参加下，参照法律规定的程序处理案件的活动，是一种多方参与的活动。由于诉讼各方与案件的利害关系的不同，决定了其认识的出发点不同，因而，不同的诉讼主体，就会形成多个不同的诉讼认识,然而诉讼认识的目的是调适与消除冲突,因此在众多的不同认识中,只有中立的裁判者对案件事实的认识才具有决定性的意义;尽管其他诉讼主体对案件事实的认识也构成诉讼认识的某些方面,但他们的认识必须通过对裁判者的作用,才能对案件的最终裁决产生现实的影响,在这个意义上,诉讼认识就是指裁判者在诉讼认识活动中对案件事实的认识活动。

(二) 刑事诉讼认识的对象

任何一种认识都有自己的对象,否则它就会失去自身的存在合理性。刑事诉讼认识也是如此,从一定意义上讲,刑事诉讼是为了解决纠纷和冲突而存在的,只有在解决冲突和纠纷的过程中正确认识和合理处分纠纷事实,其才有存在的价值。

在刑事诉讼过程中,诉讼认识的对象是犯罪事实。犯罪事实,是指通过侦查、起诉、审判等活动所要解决的问题,它是刑事诉讼认识作用的对象。犯罪事实是刑事诉讼产生的前提;如果没有犯罪事实,就无所谓刑事诉讼,也就无所谓诉讼认识;在已经开始的刑事诉讼活动中,如果被告人的行为不构成犯罪,刑事诉讼便应当终结,从而作出撤销案件、不起诉等处理。

因此,某一冲突事实,是否属于刑事侵害、是否构成犯罪,是刑事诉讼认识活动必须解决的首要问题。

(三) 辩证唯物主义认识论与刑事诉讼

辩证唯物主义认识论认为,世界是物质的,意识是对物质的反映,物质第一性,意识第二性,物质决定意识,人具有主观能动性,人的认识可以正确反映客观世界。可以看出辩证唯物主义认识论由三个部分构成:①决定论,即物质第一性,意识第二性,物质决定意识;②反映论,即意识是对物质的反映;③可知论,即人的认识可以正确反映客观世界。

探讨刑事诉讼过程中的诉讼认识就是考察辩证唯物主义认识论对刑事诉讼的影响。辩证唯物主义认为,世界是可知的,人的思维是至上的,能够认识客观世界的一切事物和现象。这种可知论在刑事诉讼中的主要体现,就在于认为任何案件事实在理论上都是可以认识和查明的。

我国现行刑事诉讼法中的许多规定，都体现了辩证唯物主义认识论中的可知论的思想。例如，法律规定司法行政人员办案必须忠于事实真相，证据必须查证属实，定罪依据必须是案件事实清楚，证据确实、充分等。这些实际上将案件事实看作一种客观存在，认为刑事诉讼主体应该并能够揭示案件真实。但辩证唯物主义的可知论是相对的。思维的至上性是在一系列非常不至上地思维着的人们中实现的；拥有无条件的真理权的那种认识是在一系列相对谬误中实现的；二者都只有通过人类生活的无限延续才能完全实现。一方面，人的思维的性质必然被看作绝对的；另一方面，人的思维又是在完全有限地思维着的个人中实现的。这个矛盾只有在无限的前进过程中，在至少对我们来说实际上是无止境的人类世代更迭中才能得到解决。从这个意义来说，人的思维是至上的，同样又是不至上的，它的认识能力是无限的，同样又是有限的。按它的本性、使命、可能和历史的终极目的来说，是至上的和无限当然的；按它的个别实现和每次的实现来说，又是不至上的和有限的。

　　也就是说，从终结意义上、从人类整体上讲人具有无限的认识能力，人的认识可以达到绝对真实，但从人们对具体事物的认识来看，从认识的每一个阶段来看，绝对真实是不可能的，在这个意义上，真实是相对的，在人的世界中，真实毕竟不过是相对的。诉讼领域中的真实当然也不例外。这些反映了人类认识能力的无限性和有限性、绝对真理和相对真理的对立统一的关系。同时也决定了刑事诉讼过程中诉讼主体对案件事实认识的相对性，可以从以下几个方面加以分析：

　　1. 刑事诉讼认识的历史性

　　刑事诉讼认识是一种历史认识，诉讼认识的目的是确定案件事实。但是，作为事后事实，案件事实已经成为过去，对它，裁判者不能通过感知的方式从经验上加以直接把握。因此，在本质上，诉讼认识属于对历史事实的认识。时间不能逆转性决定了法律上的案件事实不可能确切或完全重现过去。任何一个法官对既存的案件事实不可能有机会再看到或亲历，这就是诉讼认识这一概念产生的原因。确定事实是法律遇到的永久的、不可解决的问题之一，因为事件是独一无二的，想象的或模拟的重建都不可能确切地重现过去。当案件被提交到司法机关的时候，能作为案件事实的犯罪过程早已成为过去。在绝大多数情况下，这些事实既不能重演，也无法通过实验去验证。侦查和审理，只能是在事后的回忆、描述、收集证据的基础上联想、推论。认识的方式、方法虽然经过人类无数次的经验已被证明是正确的，但却仍然不能保证认识到的都是真实的。

2. 刑事诉讼认识的阶段性

刑事诉讼认识是一种具体的认识，具有阶段性的特点。司法机构设置的目的在于使公民能行使司法救济权，任何一个法律上的争议出现以后，一旦诉诸法律，便要求法官或法院必须在法定的时限内作出一个公正、及时的判决。这与自然世界中对未知课题的探索有原则的区别。科学家对自然课题的研究，为得出正确的结论可以毕其一生，而法官则不能无限期地研究案件，审理和判决越及时，就越能使犯罪嫌疑人和被告人尽早结束为不确定的命运过长等待而带来的痛苦。因而，各国的刑事诉讼法都有关于诉讼中各种程序的期间方面的规定。所以在一个有限的时间段里，根本不要指望每一次认识都是正确的，也不要指望每次都能认识一切，如果为了追求对案件事实所谓绝对真实的认识而使刑事诉讼旷日持久，不受法定期间限制，这不仅严重侵犯了被告人和嫌疑人的人权，就连刑事诉讼本身也没有存在的必要了。因为"拖延不决就是拒绝判决"，这是更大的司法不公。

在及时裁判和终结性原则约束下，诉讼认识必须在一定时间内对案件争议的历史事实作出确定性结论。然而，人类的生命是有限的，决定了人对无限的客观世界的认识也是有限的。人类在个体有限的生命时空中对无限的客观世界的探索必然是有限的、相对的。因此，这项要求明显超出了人类的实际能力。一方面，在裁判当时，裁判者对证据是否已经穷尽无法知晓，在现在看来已经确证无疑的结论可能会因新证据的出现而变更，甚至被彻底推翻；另一方面，基于人类认识能力的局限，即使这种建立在不完全证据基础上的认识，仍然可能出现半信半疑的认识状态。

面对客观存在的认识局限，现代证明制度在"求真"的大前提下，不得不作出了一系列无奈的妥协性选择。例如，默认法庭在不存在合理怀疑状态下作出裁判的正当性，并附以必要的纠错制度；在诉讼认识只能达到半信半疑状态时，借助证明责任制度强行在当事人之间进行风险分配；借助推定等法律手段进行法律上的拟制，人为地确立特定事实间的因果关系；在民事诉讼中，策略性地放弃对纠纷事实原貌的探寻，"除证据之外"，尚得以全辩论意旨作为认定事实之基础。因此，法律上证据在大多数案件中被用作盖然性裁决的根据。这种法律上的优势证据本身不可能强调其绝对真实、完全正确。

3. 刑事诉讼认识的特定性

刑事诉讼认识只要求查明案件事实的特定内容，具有特定的目的和范围，案件审理的目的就是确认犯罪嫌疑人和被告是否犯罪，犯了什么罪，应当给予相应的什么刑罚。任何一个犯罪过程，都可以用诸多事实情境、细节来描绘和表明，但并非每一个事实特征都是犯罪构成要件的事实。凡是与解决犯罪或非犯罪有关的事实都是刑事诉讼的认识对象，至于其他一些事实，则是无关紧要的。同时，证据的合法性要求使得任何证据和事实均需经过法定程序予以发现并符合法定形式，才能产生法律后果，作为判决的依据。诉讼中再现的只是具有法律意义上的事实、法律加以规范的事实，而非原始状态的事实。因此，这些因素决定了刑事诉讼认识只要求查明案件事实的特定内容，受特定的目的和范围的制约。同时，在一定程度上，也决定了刑事诉讼过程中诉讼主体对案件事实认识的相对性，这也是"法律真实"的证明标准产生的哲理基础。

二、刑事诉讼的结构

刑事诉讼的结构是指控诉、辩护和审判三方在刑事诉讼过程中的法律地位及其相互关系。它是刑事诉讼中的基本格局，反映了刑事诉讼中控诉、辩护、审判三方的不同地位以及国家权力与个人权利之间的关系，对于刑事诉讼的进程和结局起着决定性的影响和作用。

刑事诉讼结构又称刑事诉讼构造、刑事诉讼形式或刑事诉讼模式。刑事诉讼结构有横向结构和纵向结构之分。前者是指控诉、辩护和审判三方在侦查、起诉、审判等主要诉讼阶段中的组合方式和相互关系；后者是指控诉、辩护和审判三方在整个刑事诉讼过程中的地位和相互关系。

刑事诉讼的结构受到刑事诉讼目的的制约和影响。立法者总是基于一定的刑事诉讼目的的需要，设计适合于该目的实现的诉讼结构。刑事诉讼结构是实现刑事诉讼目的的手段和方式。但是刑事诉讼目的不是决定刑事诉讼结构的唯一因素，目的观基本相同的不同国家的刑事诉讼，在结构上仍然可能会有较大的差别。由于国家利益的需要和文化传统的不同，资本主义国家的刑事诉讼基本结构也存在差异，有英美法系当事人主义模式、大陆法系职权主义模式和日本法当事人主义模式之分。比较这些模式的特点、内容和成因，探讨它们的发展趋势，对于开阔刑事审判理论研究视野和借鉴有益经验完善我国刑事审判模式都有重要意义。

（一）英美法系当事人主义模式

英美法系当事人主义刑事诉讼，也称辩论主义诉讼，主要内容包括：检察官和被告人作为当事人参加诉讼，双方处于对等的诉讼地位；原告行使控诉权，被告行使辩护权，原告、被告双方当事人各为自己的诉讼主张陈述理由，并为此自由立证和辩论；法官的职责是居中聆听，一般不直接诘问，不直接调查证据，在形式上起公断作用；法官听取原告、被告双方当事人的陈述和辩论后，就双方提供的事实和理由在自由心证的原则下确定案件真实，作出案件判决。

英美法系当事人主义刑事诉讼主要有以下四个特点：

（1）强化被告一方的诉讼地位和诉讼能力，强调侦控机关与被告人双方地位的平等性、对抗性。在英美法系国家，侦查主要由警察机关进行，但在刑事诉讼立法和理论上，一般不把警察的侦查活动纳入刑事诉讼范畴。刑事诉讼通常从逮捕或传讯嫌疑人开始。在侦查中，被告人针对讯问有保持沉默的权利，侦查机关在开始审讯时必须告知嫌疑人有权保持沉默。被告人一旦行使该项权利，审讯即应停止。同时，被告人有权获得律师帮助，允许被告人聘请律师辩护，维护合法权益。除特定情况外，被告人在审讯过程中有权获得保释，以此作为被告人进行充分辩护的准备机会。为了防止警察机关滥用侦查权力、侵犯人权，法官对侦查活动有权进行监督和制约，在逮捕、搜查、扣押等强制侦查手段和窃听、监控等秘密侦查手段的采用上，法官拥有广泛的控制和决定权。这一切，目的都在于提高被告人的诉讼地位，维护其合法权益，增强其防御手段和能力。

（2）在坚持公诉制度为主的情况下，采用多样化起诉方式。在英国，检察官、警察、政府机关、地方机构和公民个人都有刑事案件起诉权，公诉与自诉方式并存。在美国，没有自诉制度，刑事案件由检察官起诉和大陪审团起诉。陪审制度，是从公民中产生预审员参与法院审判案件的制度，类似预审制度，盛行于11世纪以后的英国，美国沿用了这一制度。美国的大陪审团主要负责审查起诉，小陪审团主要参与案件的法庭审理。大陪审团对案件是否起诉的审议是秘密进行的。被告人及其律师均无权出席大陪审团的审议会议。所以，在美国刑事诉讼中有两种起诉方式：①由检察官直接向法院提起诉讼；②由检察官草拟起诉书后，连同有罪证据一并提交大陪审团，经大陪审团审查表决通过后向法院提起诉讼。无论采取哪种形式起诉的案件，在法院开庭审理阶段，一律由检察官代表政府出席法庭支持公诉，在法庭上与被告人的律师进行辩论，维护起诉，并询问证人，出示证据，揭露和证实犯罪。

(3) 在法庭审判中，强调控、辩双方诉讼地位的平等性。在刑事诉讼中，审判活动主要在双方当事人之间通过辩论展开，法官一般不主动进行调查，在形式上只起居中公断作用。当事人主义审判，也称为辩论式审判，控、辩双方在审判中的活动是主动和积极的。双方当事人享有同等的诉讼权利，法官在审判中也可以追求和保障控、辩双方诉讼地位和权利的平衡。由于法庭审判主要是在当事人之间通过辩论进行，因而法官的作用是消极、被动的，收集证据、询问证人、质证等活动，被视为当事人之间的事情；双方当事人也有义务向法庭提供各自所了解的案件事实及证据。

(4) 整个诉讼程序规范、严密，注重诉讼程序的遵守。在实行当事人主义诉讼制度的国家，普遍重视程序法，强调正当程序的恪守。法律对当事人双方的诉讼权利也规定得十分详细，警察、检察官和法官不得阻碍或限制当事人诉讼权利的行使。英美国家推崇"正当法律程序"。为了保证刑事诉讼两造对抗性的真正实现，政府和司法当局必须首先遵守诉讼程序才可以采取反对被告人的行为，不允许国家在违反正当法律程序的情况下赢得诉讼，哪怕胜诉本身代表着实现正义。因此，证据规则在当事人主义诉讼模式中占有重要地位。证据法的内容包括构成证据的标准、证据的种类、证人的资格及审查、证据的采纳、非法取得证据的排除、举证责任的承担，等等。

(二) 大陆法系职权主义模式

大陆法系职权主义诉讼，也被称为审问主义诉讼，实行于法国、德国等国家，主要内容包括：大多数或全部刑事案件由检察机关代表国家提起公诉，检察机关一致依职权主动追究犯罪，法院为了查清案件事实也要主动调查收集证据和讯问被告人；注重发挥侦查机关、检察机关、法院在刑事诉讼中的职权作用，特别是法官在审判中的主动指挥作用，而不强调当事人在诉讼中的积极性；在庭审中，双方当事人虽然也采取平等对抗原则进行活动，但都缺乏主动性，都要服从和听命于法官的指挥。

大陆法系职权主义刑事诉讼主要有以下四个特点：

(1) 侦查机关依职权主动追究犯罪，拥有广泛的侦查手段，被告人在侦查阶段的诉讼权利受到局限。在大陆法系国家，为了收集证据，揭露犯罪事实，查明和证实犯罪人，法律通常授予侦查机关（主要是警察机关）较大的权力。一方面，侦查机关有权采取广泛的一般性诉讼手段调查犯罪，如讯问被告人、询问证人、勘验、检查、鉴定、侦查实验、对质和辨认等；另一方面，侦查机关可以采取一系列强制性侦查手段，如拘传、拘留、逮捕、搜查、查封、扣押和通缉等。此外，侦查机关还可以采取一定的秘密侦查手段，如秘密搜查、监视、邮件检查等。侦查机关行使侦查职权有较大的自由，一般由侦查机关根据案件的需要决定。嫌疑人在受讯问的方式、受羁押的期限、沉默权的享有等方面，也与当事人主义刑事诉讼有较大区别。

(2) 坚持公诉为主的情况下，允许自诉形式的存在。在刑事案件的起诉方式上，大陆法系国家一般实行公诉为主、自诉为辅的原则。法国是最早产生检察制度的国家，也是大陆法系国家的检察制度的发源地。早在12世纪末，法国就出现了类似检察官的"国王代理人"，其有权为维护国王的利益参加诉讼活动。到了13世纪中叶，这种代理人制度进一步扩大，开始了对刑事案件的起诉活动。14世纪，法国建立了检察机关，在国家体制中正式确立了检察制度。检察机关的主要职责是对刑事案件进行起诉。警察对犯罪侦查所得到的证据材料，都应提交检察官，由检察官决定是否起诉。法国的检察制度，对大陆法系其他国家有深刻影响，奥地利、德国等相继依照法国的做法设置检察机关作为公诉机构，同时，大陆法系国家一般都允许被害人自行向法院起诉。自诉案件一般都属于轻微的刑事案件。检察机关也可以根据自诉人的意愿代理起诉。

（3）审判中，法官以积极姿态出现，主持和指挥审判活动。在大陆法系国家，法官依职权主动调查收集证据，决定案件审讯的范围、方式和证据的取舍。为了查明案件真相，法院可以依职权主动采用足以证明一切事实真相的证据，以及对作出裁判必要的一切证明方法。法官要主动地对被告人和证人进行讯问，提出证词的矛盾点、征询鉴定人的意见，向双方展示有关文件和证据；被告人也可以在法庭上申请新的证据和传唤新的证人，但必须经过法官许可。法庭调查与法庭辩论在程序上截然分开，不存在程序上不明晰的情况。法庭调查的主要程序是宣读起诉书、审问被告人、调查和核实证据。法庭调查完毕后开始法庭辩论，辩论时先由检察官发言，然后是被告人辩护，检察官与被告人交叉辩论。在整个庭审中，法官不是消极地任凭双方提证和辩论，而是始终处于主持审判的地位，在审判中起主导作用。

（4）就整个诉讼程序考察，职权主义刑事诉讼注重积极惩罚追求实体真实。在大陆法系国家，为了有效地打击和控制犯罪，维护社会公共利益与安全，司法机关享有与犯罪作斗争的强大职权和能动性，特别注重发挥司法机关在刑事诉讼中惩治犯罪的功能。基于对查清案件真实情况从而有效打击犯罪的需要，对可能采取的侦查、审判手段的限制较少；虽然也有诉讼程序对被告个人权利的保护，但这种程序往往缺乏刚性，约束力不强，被告人抵抗不正当控诉的程序措施缺乏有效保障，因而出现重目的、轻手段，重实体、轻程序的现象。

(三) 日本法当事人主义模式

日本是一个实行君主立宪制的资本主义国家。在明治维新前，日本的刑事诉讼制度受中国唐朝封建司法制度的影响较深。明治维新后，日本仿效德国法律制度制定了《狱庭规则》《法庭断狱则例》《治罪法》等刑事诉讼法律，形成了具有大陆法系职权主义特点的刑事诉讼模式。20世纪50年代后，为了适应政治、经济发展的需要，日本又在很大程度上借鉴、吸收了英美法系当事人主义刑事诉讼的内容，对自己的刑事诉讼模式进行了改良，形成了集两大法系诉讼制度特色于一身的日本式当事人主义刑事诉讼。

第二章 刑事诉讼的原理阐释

这种模式的主要内容包括：侦查活动由警察机关负责进行，侦查机关拥有广泛、强大的侦查力量和手段；侦查中注意对被告人合法权利的程序保护；审判由法官主持和指挥，法官可依职权主动调查证据；注重发挥双方当事人的积极性，审判活动通过双方当事人平等地辩论而展开。

日本当事人主义刑事诉讼主要有以下三个特点：

（1）侦查机关享有为查明案件真实情况应有的足够权力和手段，同时也注意保障被告人的合法权利。在日本，警察机关的侦查是不公开进行的。为收集证据，查明事实，警察机关有权采用拘传、搜查、扣押等强制性手段。侦查权力的广泛性和行使权力的自由性与大陆法系国家差别不大。但是，在逮捕权的行使上有自身的特点。《日本刑事诉讼法》第199条第2款规定："审判官在认为有充分理由足以怀疑被怀疑人曾经犯过罪时，根据检察官或司法警察官员的请求，签发逮捕票。"可见，决定逮捕权由法院掌握。在侦查阶段，被嫌疑人享有相当于英美法系国家被嫌疑人所拥有的诉讼权利，如被嫌疑人有权聘请律师、有权保持沉默、有权被保释，等等。

（2）具有独特的起诉制度。日本起诉制度的主要内容可以概括如下：

第一，实行起诉垄断主义。即检察机关是唯一的刑事案件的起诉机构，没有自诉制度。即使被害人提出控告，也必须由检察官起诉，法院概不受理被害人的自诉。

第二，实行起诉状一本主义。即提起公诉时检察官只交给法院一本起诉状，而不移送案件和证据材料。其目的是减少法院在审判前的先入为主，调动法官和双方当事人在庭审中的能动性和积极性。

第三，实行缓诉制度。对于犯罪事实已经成立，但情节比较轻微的犯罪，可以暂缓起诉，将犯罪分子放在社会上通过家庭、学校等帮助其矫正恶习。如果在缓诉期间恶习仍不改，检察机关可以将其再行起诉而不受时间限制。

第四，实行"检察审查会"制度。为了防止检察官主观臆断，滥用不起诉决定权和缓诉决定权，确保起诉质量，实行检察审查制，由"检察审查会"负责监督检察官行使起诉权是否正确。

（3）审判中，既注重发挥当事人双方的积极性，又强调法官的能动作用。在日本，刑事审判采用英美法系刑事诉讼模式中的辩论对抗制形式，双方当事人享有充分平等的诉讼权利，一切证明有罪无罪、此罪彼罪、罪轻罪重的证据材料，均由检察官与被告人及其律师在法庭上当庭列举出示和辩论。在审判中，双方当事人为了证明自己的诉讼主张要积极主动地举证和交叉询问，证据调查完毕后，双方有权就案件事实和适用法律问题展开辩论。在这一系列活动中，法官不像英美法系国家的法官一样处于消极被动地位；相反，他们借鉴大陆法系国家的做法，审判活动由法官主持，法官在审判中始终占有主导地位，必要时，法官可以依职权主动调查、收集和审查判断证据。

第三节 刑事诉讼的职能与阶段

一、刑事诉讼的职能

刑事诉讼的职能是指刑事诉讼主体为了实现特定的目的，在刑事诉讼过程中所具有的功能和作用。根据诉讼主体的不同，在我国刑事诉讼中，刑事诉讼职能可以分为：公安机关的侦查职能，人民检察院的起诉职能和法律监督职能，人民法院的审判职能，犯罪嫌疑人、被告人及其辩护人的辩护职能，被害人的控告职能，自诉人的起诉职能，其他诉讼参与人的协助诉讼职能，执行机关的执行职能等。

在现代刑事诉讼中，由于控诉与审判的分离、被告人获得为自己辩护的权利，形成了控、辩、审三方组合的"三角结构"，所以在诉讼职能中，控诉职能、辩护职能和审判职能构成三种基本诉讼职能共存的格局，离开这三项职能，诉讼活动就无法进行，其他的职能则是非基本诉讼职能，只是为基本职能服务的。

（一）刑事诉讼职能的典型观点

对刑事诉讼职能的划分，我国理论界颇有分歧，比较典型的观点包括："三职能说""四职能说""五职能说"以及"七职能说"等。

（1）"三职能说"。主张刑事诉讼由三种基本职能，即控诉、辩护和审判

第二章 刑事诉讼的原理阐释

构成。控诉职能是向法院起诉并出庭支持控诉，要求追究被告人因其犯罪行为所应承担的刑事责任，由国家追诉机关和被害人行使；辩护职能相对于控诉职能，是指提出对被控诉人有利的事实和理由，维护被控诉人的合法权益，由犯罪嫌疑人、被告人行使，辩护人协助其行使；审判职能则是指通过审理确定被告人是否犯有被指控的罪行和应否处以刑罚以及处以何种刑罚，由法院行使。控诉、辩护、审判三种基本职能相互联系、彼此制约，构成了刑事诉讼活动的主要内容。

"三职能说"是传统诉讼理论的通说，根据这种观点，由于侦查是公诉的必要准备，是诉讼活动的组成部分，非经侦查，便无从确定应否起诉，因此从广义上可以将侦查视为行使控诉职能。据此，侦查职能是从属于控诉职能的，本身并不具有独立性。"三职能说"是审判中心主义理念的体现，其对诉讼构造的考察、分析，主要是站在审判中心主义的立场上，从审判程序这一角度对诉讼构造进行横向考察的结果。

传统的"三职能说"是以狭义刑事诉讼为基础的，有其理论缺陷，对刑事诉讼职能的确定与划分还应当考虑以下几个方面的因素：

第一，由于司法领域分工越来越细，分权学说的影响、人权思想的发达以及适应同犯罪作斗争的需要，诉讼职能在不断分化、发展并不断整合，传统的审判中心主义已为诉讼阶段论所取代，刑事诉讼的程序、阶段增多，向前延伸，因此诉讼职能的划分应当反映和展现从立案到执行各个阶段程序中所有主持或参加诉讼活动的主体的全部诉讼活动，而不能仅从刑事诉讼系统中的一个或几个阶段的诉讼活动来进行职能的划分。

第二，某一机关或者诉讼参与人的活动能否归纳为一种独立的职能，应当从其担负的功能、作用、独立的权利义务及相应的程序保障综合进行考察，如果他们的功能是特定的，无法为其他职能所包容、替代，就应当认定为一种独立的职能。

第三，我国司法制度的重要特点之一就在于检察机关不仅仅是公诉机关，而且要对刑事诉讼活动是否合法进行监督。因此，刑事诉讼职能应当包括诉讼监督、执行、协助司法等职能。

（2）"四职能说"。在传统的"三职能说"的基础上，提出刑事诉讼职能应当区分为控诉、辩护、审判和监督四项职能，即"四职能说"。

(3)"五职能说"。在传统的"三职能说"的基础上，将监督和协助司法也作为刑事诉讼的职能之一，从而形成"五职能说"。

(4)"七职能说"。"七职能说"认为，刑事诉讼职能应当包括侦查、控诉、辩护、审判、执行、协助司法和诉讼监督。

(二)刑事诉讼职能的历史演变

控、辩、审三种诉讼职能的发展和完善经历了相当漫长的历史过程。在奴隶制时代，基本不分刑民诉讼，程序上采弹劾式，即使是法律昌明的古罗马国家，在共和国后期亦未设立控诉犯罪的专门机关，起诉权由公民自由行使。法院采取"不告不理"原则，被告人可以与原告人平等辩论。这种程序虽然形式上类似于现代刑事诉讼，但其实质意义却相去甚远。

在封建君主专制时代，各国主要推行纠问程序，实行国家主动追诉原则，在诉讼中，法官是唯一享有各种权力的人，并集审判职能与控诉职能于一身，不仅有权进行审判，而且有权进行侦查和追诉，被告人在诉讼中只是被拷问、被追究的对象，只负有供述的义务而无辩护的权利，审判机关可以用强制方法逼取其供述。可见，在纠问式刑事程序中，控、审职能不分，不存在辩护职能。我国封建时代由行政长官兼理的刑事程序中，亦大体如此。

14世纪初，法国建立检察制度，检察官以国家公诉人身份参加诉讼，使控、审两种职能实现初步的分离，在一定程度上起到了防止国家权力滥用和保障司法公平的作用。其后，随着资产阶级革命的胜利，个人独立、自由、民主的呼声高涨，限制国家权力和保障人权的理论被引入刑事诉讼，从而确立了控、审职能分离原则以及被告人的辩护权，律师辩护制度也相继发达起来，以使控、辩双方攻防力量基本平衡。至此，在刑事诉讼中，控诉权主要由检察官行使，辩护权由被告人在辩护人的协助下行使，审判权由法官独立行使，形成了现代刑事诉讼的基本格局。

控、辩、审三大诉讼职能是相互联系、相互制约、缺一不可的，但审判始终是刑事诉讼的中心。控诉是审判的前提和根据，审判必须限定在控诉的事实和被告人范围内；审判是控诉的法律结果，控诉如果没有审判支持也就毫无意义；辩护必然针对控诉进行，对控诉成立起制衡作用；在审判中必须保障被告人的辩护权，没有辩护的控诉和审判是纠问式的、武断专横的诉讼；辩护则促进审判的民主和公正。控诉、审判和辩护共同构成刑事诉讼活动的主要内容，确保刑事诉讼目的的实现。

(三) 刑事诉讼基本职能的解读

1. 控诉职能

控诉职能，是指向法院揭露、证实犯罪并要求法院对被告人确定刑罚权的职能。控诉职能的存在主要是基于国家惩罚犯罪的客观要求。因为无论是依据国家本质的社会契约说还是阶级斗争的工具说，犯罪都是对于现存社会关系的最强烈的蔑视和背叛，是对国家所保护的社会秩序和公共利益的侵犯，而不仅仅是对个人利益的侵犯，因而国家有义务在出现犯罪时通过侦查、起诉等官方职权活动进行追究。控诉职能与审判职能的分离则主要是为了革除控、审不分的纠问式刑事程序的弊端，保证审判程序的公正，保障个人相对于政府的基本权利和自由，防止司法专断。

2. 辩护职能

辩护职能，是指针对犯罪嫌疑或指控进行反驳，说明犯罪嫌疑或指控不存在、不成立，要求宣布犯罪嫌疑人、被告人无罪、罪轻或者从轻、减轻、免除刑罚处罚的职能。辩护职能的产生和发展是多重价值理念结合起来、相互补充、相互作用的结果，人权、民主思想的传播、程序公正观念的进化以及宪政制度的建立，是产生辩护职能的决定性因素，无罪推定原则和诉讼主体论、律师制度的不断发展以及现代诉讼结构科学性的要求，对辩护职能的日益强化发挥了直接的促进作用。

与控诉职能不同的是，辩护职能是主体通过行使辩护权的方式实现的。而辩护权是主体的一种基本诉讼权利，而非义务，被告人可以任何合法的方式行使，也可以自由放弃，并不因此而产生相应的法律责任。所以辩护职能的实现与否及实现程度，主要取决于被告人基于诉讼构造和实际需要所能作出的个人决定，但国家刑事程序的民主化程度以及免费法律援助制度的完善程度对于被告人辩护权的保障也有相当重要的影响。

辩护职能的直接受益者是被告人（包括犯罪嫌疑人），因此其执行主体首先是被告人。但考虑到被告人的个人情况以及诉讼制度民主化的要求，现代国家普遍赋予被告人接受辩护人帮助的权利，在法律规定的特定案件中，甚至要求必须有辩护人参加诉讼。因此，辩护人虽然不是刑事诉讼主体，但他对于辩护职能的执行具有非常重要的作用，是协助被告人执行辩护职能的重要主体。辩护制度的发达程度是一个国家刑事诉讼制度以至于整个法律制度民主程度的重要标志之一。

3.审判职能

审判职能，是指通过审理确定被告人是否犯有被指控的罪行和应否处以刑罚以及处以何种刑罚的职能。审判职能存在的理论依据有两个方面：一方面，基于公正处理刑事案件的需要。从某种意义上说，刑事诉讼是代表政治国家的强大政府与代表市民社会的个体之间的烈度最强的一种社会冲突，为了公正地解决这一冲突，现代国家一致规定由独立性、中立性和公正性受到宪法和法律严格保障的法院从第三者的立场出发，以普遍适用的法律规则来解决这一冲突，以使其结果为争讼双方和平接受。另一方面，基于权力运行的科学要求。现代各国政治体制设计的通行观念在于，权力必须得到有效的控制，以保障民主及个人的基本人权，为此要求权力分开行使、相互制衡，以免权力被滥用。在这种思想指导下，审判权从行政权中分离出来，并受到各种制度化的保障。这种分离不仅可以防止权力运行过程中可能出现的异化，对司法公正的实现也大有裨益。

一般说来，审判职能是由法院承担，法院是世界各国公认的行使审判权的唯一主体。审判职能是通过法院的审理行为和裁判行为实现的。

第一，审理行为。审理行为包括法官的庭前行为，法庭调查行为，收集、判断证据行为等。法官通过上述审理行为，把握案件事实情况，决定证据的取舍，形成坚定的内心确信，为裁判行为奠定坚实的基础。

第二，裁判行为。裁判行为是审理行为的结果和归宿。在案件事实清楚、证据确实充分的基础上，法官选择适合于本案的法律，据此作出对案件的处理决定。

二、刑事诉讼的阶段

刑事诉讼阶段是指在刑事诉讼过程中，按照法定的顺序、步骤进行的相对独立而又互相联系的各个部分。在刑事诉讼中，司法机关追究犯罪、惩罚犯罪的活动，不是由一个机关的一次活动所能完成的，必须经过若干机构一系列的持续活动，这是现代社会诉讼民主性和科学性的要求，这一过程的具体表现形式在不同类型的国家虽有差异，但总体上都呈现出阶段性和程序性的特点。

刑事诉讼从开始到终结，是一个有秩序、分阶段而又前后连贯、逐渐发展的法律适用过程，具有严格的法律性质，必须依照法定程序和步骤，有秩序地进行。

(一) 刑事诉讼阶段的历史演变

在君主制时期，刑事诉讼普遍实行"不告不理"的原则，国家不设立专门的起诉机构，一切案件都由被害人或者代理人作为原告向法院直接提出控诉，只有当原告起诉后，法院才受理并进行审判；如果没有原告，法院便不主动追究犯罪。因此，诉讼始于被害人或者代理人的告诉，诉讼的进行建立在告诉人的积极行为之上。例如，公元5世纪至8世纪，欧洲法兰克王国的刑事诉讼，完全采取自诉原则，控告犯罪，通知被告人到庭受审等，都是被害人及其亲属的事情，取决于原告人的意愿和诉讼行为。在刑事审判中，案件的审理者一般只起仲裁作用。法官既不积极地收集、审查和判断证据，也不分析案情的客观实际，而是由当事人自己收集和提供证据，法官在当事人双方的陈述、举证和辩论后，利用不科学的手段和当事人双方的身体力量，作为评判案件是非曲直的标准。因此，在这一历史时期，诉讼阶段的划分并不十分明确。

到了纠问式刑事诉讼盛行的封建社会前期，法官开始集侦查、起诉、审判等诉讼职能于一身，没有专门的侦查和起诉机关，起诉权和审判权是合二为一的，法官具有揭发和惩罚犯罪的权力，只要发现犯罪，不论是否有受害人控告，法官都可以根据职权主动发动诉讼，开展审判。在这种情况下，侦查、起诉、审判等诉讼阶段均不能独立存在。自14世纪开始，欧洲法兰克王国设立了检察官，侦查权、起诉权从审判权中分离，由检察官行使，形成了公诉制的雏形。后经十八九世纪的司法改革，欧洲大陆各国相继确立了国家追诉的原则，这样刑事诉讼程序就明显划分为侦查和审判两大阶段。

在现代刑事诉讼活动中，根据参加诉讼的机关和人员、实行诉讼行为的方式、诉讼过程的特定阶段的直接任务、诉讼法律关系的特性以及诉讼的总结性文件等因素,刑事诉讼程序基本上可以划分为侦查、起诉、审判、执行等主要的诉讼阶段。刑事诉讼一般要经过侦查、起诉、一审、二审、再审、执行等诉讼阶段,每一阶段都有一系列具体程序,司法机关和诉讼参与人都不得违反、超越或颠倒。在刑事诉讼中,惩罚犯罪必须严格按照法定的阶段进行。

(二)刑事诉讼阶段与刑事诉讼目的的关系辨析

刑事诉讼阶段的合理划分,是确保刑事诉讼目的得以顺利实现的保障。经过合理划分所确定的诉讼阶段是国家专门机关必经且须依次、有序进行的环节。前一阶段成功地进行,标志着诉讼的阶段性目标得以实现,从而为后一阶段的开始创造了前提条件。如果国家专门机关不合理地跳跃某一必经的特定诉讼阶段,将导致后续各个诉讼阶段的任务难以实现,以至于对刑事诉讼目的的实现带来影响。

(三)审判中心说与诉讼阶段论

刑事诉讼各个阶段既相对独立,又紧密联系。不同诉讼阶段的直接任务集中反映了立法者对该诉讼阶段作用与功能的期待。侦查阶段的直接任务主要是收集证据、抓获犯罪嫌疑人。起诉阶段的主要任务是对侦查终结移送起诉的案件进行审查,确定是否将犯罪嫌疑人交付审判的问题。审判阶段是整个刑事诉讼的中心阶段。在此阶段中,将集中并最终确定对被告人的定罪量刑问题。在刑事诉讼中各阶段的关系上,理论上一直存在"审判中心主义"和"诉讼阶段论"两种观点。

"审判中心主义"就是指整个刑事诉讼过程都应该以审判为中心,为审判服务。审判中心主义本质就是树立司法审判的权威,保持控辩双方地位和权利平等。审判中心主义是近现代国家刑事诉讼中普遍认同的一项基本原则,它是司法最终解决原则在刑事诉讼中的具体表现。审判中心主义包含两层含义:一方面,在整个刑事程序中,审判程序是中心,只有在审判阶段才能最终决定特定被告人的刑事责任问题,侦查、起诉、预审等程序中主管机关对于犯罪嫌疑人罪责的认定仅具有程序内的意义,对外不产生有罪的法律效果。另一方面,在全部审判程序当中,第一审法庭审判是中心,其他审判程序都是以第一审程序为基础和前提的,既不能代替第一审程序,也不能完全重复第一审的工作。

"诉讼阶段论"则是针对侦查、起诉以及法律监督等职能在中国刑事诉讼制度中重要性的认识,认为中国刑事诉讼结构不同于西方的审判中心论,因为侦查、起诉与审判是处于平行地位的"三道工序"。它们对于刑事诉讼目的的实现起到同等重要的作用,它们在刑事诉讼过程中的地位并无位阶之分。

当前,我国正在着手建立以审判为中心的诉讼制度,该制度的建立,有利于使我国的刑事司法符合人类司法的共同规律。以审判为中心,是指整个诉讼制度和诉讼活动围绕审判而建构和展开,审判对案件事实认定、证据采信、法律适用、作出裁决起决定性和最终性作用。构建以审判为中心的诉讼制度,就是要打破刑事诉讼的"阶段论""流水线"等传统观念和习惯做法,以及由此带来的"侦查中(重)心"问题。建立以审判为中心的诉讼制度,不仅是对公、检、法三司法机关之间司法职权配置的改革,也是对法院内部优化司法职能的要求。科学界定各种权力和职能的地位作用,即促进法院职能的分化与转变,确立法院内部权力运行的审判中心化,积极推进法院内部审判权力运行的去行政化。

第一,法院应以发挥审判职能、行使司法审判权为中心,审判是法院的基本职能,是第一要务,其他职能包括内部行政事务管理职能只能是辅助性、服务性职能,应围绕审判来开展。外部社会化职能更不能影响和妨碍审判职能的正常发挥。司法必须遵循司法规律,应当主要在司法审判职能内能动,而非超越职能的"盲动""乱动"。

第二,司法审判权力的运行,应去除行政化。以审判为中心,就意味着以司法审判权运行为中心,意味着以行使审判权的法官为主体,突出其主体地位和独立性,实行"谁办案,谁负责""让审理者裁判,由裁判者负责"。院长、庭长要回归审判职能,法官要回归本职工作,只有参与审判组织、参与审理活动,法官才享有审判权,才能作出司法裁判。

第三,实现法院内部各种权力和职能的分化与分离。①审判管理权、审判监督权与审判权相分离,给审判管理权、监督权列出权力清单,将其"装进制度的笼子";②全面推动司法人员分类管理,构建以法官序列为核心,司法辅助人员为辅助和服务的管理体系，突出法官的核心地位和作用；③将行政事务管理权与司法审判活动分离，行政事务和人员单独序列管理，其职能只能是服务审判，而不能限制，甚至影响审判。审判职能与司法辅助职能要主次分清，而不能主次不分或主次颠倒，本末倒置。

第四节 刑事诉讼的法律关系

刑事诉讼，是国家实现其刑罚权的活动。统治阶级为了维护阶级利益和统治秩序，将侵害其阶级利益和统治秩序最为严重的行为规定为犯罪，并通过刑事诉讼活动将其揭露、证实和惩罚，以实现其阶级意志。刑事诉讼活动具有极其鲜明的阶级性和强制性，历来都由统治阶级用法律对其主体、职权、原则、程序、制度等加以确认或规范。国家司法机关、当事人和其他诉讼参与人在进行刑事诉讼活动时都必须严格遵守的法律规范，就是刑事诉讼法。法律的操作和运行，必然会产生出与之相适应的法律关系。法律关系是由法律规定和调整的社会关系；某种社会关系之所以能成为法律关系，必须有规定和调整这种社会关系的法律存在。因此，自刑事诉讼法产生之日起，刑事诉讼法律关系便客观存在了。刑事诉讼法律关系，就是指刑事诉讼法规范和调整的司法机关与诉讼参与人之间的权利义务关系。

一、刑事诉讼法律关系的构成要素

任何法律关系的构成，都离不开主体、内容和客体三要素，刑事诉讼法律关系也不例外。但由于法律关系所依据的法律规范不同，所以决定了每一法律关系的三要素都有不同的内容。刑事诉讼法律关系是以刑事诉讼法为存在前提的，因而其主体、内容和客体也有其自身特点。

(一) 刑事诉讼法律关系的主体

刑事诉讼法律关系的主体，是刑事诉讼权利义务的承担者。凡在刑事诉讼中享有诉讼权利和承担诉讼义务的机关和个人，都属刑事诉讼法律关系主体范畴。从刑事诉讼过程看，诉讼活动和诉讼法律关系都发生于司法机关之间、司法机关与诉讼参与人之间以及诉讼参与人之间，因此，司法机关和诉讼参与人都是刑事诉讼法律关系的主体。能够在刑事诉讼中引起刑事诉讼法律关系产生、变更或终结的主体如下：

1. 司法机关

任何刑事诉讼活动，都是在司法机关主持和指导下进行的，司法机关在刑事诉讼中占有主导地位，当事人和其他诉讼参与人的诉讼活动，只有得到司法机关的许可和认同，才能产生相应的法律后果。因此，司法机关是当然的诉讼法律关系主体。揭露犯罪、证实犯罪和惩罚犯罪，是国家赋予司法机关的职责。只要有犯罪事实发生，需要追究刑事责任，司法机关就有权力和责任启动刑事诉讼程序，运用国家刑罚权，惩罚犯罪，保护合法权益不受侵犯。

刑事诉讼程序的开始，意味着司法机关之间、司法机关与诉讼参与人之间诉讼法律关系的实际存在。在刑事诉讼法律关系中，司法机关不但享有广泛的权力，如侦查权、起诉权、审判权等，同时，也承担有相应的义务，即保障诉讼参与人依法行使诉讼权利的义务。

在我国，司法机关是指公安机关、人民检察院和人民法院。根据我国刑事诉讼法的规定，公安机关负责刑事案件的侦查和预审，人民检察院负责批准逮捕、检察（包括侦查）和提起公诉，人民法院负责审判，三机关在刑事诉讼中均承担着重要的诉讼职能，它们的诉讼活动在不同阶段和程度上决定着诉讼的产生、发展、运行方向和结局，因此，它们都是刑事诉讼法律关系的主体。

在实行"三权分立"的国家，司法机关主要是指法院。承担侦查任务的警察机关和负责起诉的检察官都被排除在司法机关的范畴之外，侦查和起诉都被视为审判的前期准备工作，目的在于查明案件事实，抓获犯罪嫌疑人，对犯罪嫌疑人形成控诉，提请法院审判。刑事诉讼活动是在法院接受起诉后开始的，因此，法院的审判活动才是真正的刑事诉讼活动；法院在刑事诉讼法律关系中居主导地位。起诉者，如检察官、陪审团，虽然在刑事诉讼活动中要承担权利义务，也是诉讼法律关系的主体，但他们是不能与法院相提并论的。

2. 当事人

当事人，是指与案件事实和诉讼结果有切身利害关系，在诉讼中处于原告和被告地位的诉讼参与人。在刑事诉讼中，当事人地位的确定，意味着在司法机关和当事人之间诉讼法律关系的发生。处于原告和被告地位的任何一方当事人，在诉讼中所进行的起诉、举证、答辩、辩护等活动，都要遵守刑事诉讼法的规定，受刑事诉讼法调整。

当事人由于与案件事实和诉讼结果有最直接的利害关系，决定了其在刑事诉讼法律关系中不同于其他诉讼参与人的特殊地位。处于对峙状态的当事人双方，所面临的直接的实际需要，就是获得诉讼过程中的一系列相应手段，能动地、积极地在诉讼过程中反映自己的要求，从而获得有利于自己的诉讼结果。

传统刑事诉讼理论认为，控诉、辩护和审判是刑事诉讼的三大基本职能。独立承担诉讼职能的机关和个人，表明其在刑事诉讼中诉讼地位的重要性。当事人是在刑事诉讼中承担有控诉（自诉案件被害人）和辩护职能的主体，享有广泛的诉讼权利。当事人的诉讼行为，在有些情况下可以决定刑事诉讼的发生、发展、运行方向和终结。这是其他诉讼参与人所不具有的诉讼权利和地位。

在国外，通常意义上的当事人主要是指检察官、自诉人和被告人。但在我国，根据《中华人民共和国刑事诉讼法》（以下简称《刑事诉讼法》）规定，"当事人"是指被害人、自诉人、犯罪嫌疑人、被告人、附带民事诉讼的原告人和被告人。他们都是案件结果的承担者，为了维护自己的合法权益，他们都要借助于司法机关和其他诉讼参与人之间的诉讼法律关系，运用各种必需的诉讼手段，能动地进行诉讼。当然，随着《刑事诉讼法》的修正，增设了四种特别程序，相应地，我国刑事诉讼法上的"当事人"概念的外延有所变化，至少，犯罪嫌疑人、被告人逃匿、死亡案件违法所得的没收程序中的"其他利害关系人"，以及依法不负刑事责任的精神病人的强制医疗程序中的"依法不负刑事责任的精神病人"，因为与案件结果存在利害关系且都在一定程度上行使了辩护权和辩护职能，都应当列入"当事人"的范畴。

3. 其他诉讼参与人

其他诉讼参与人，是指除了当事人以外的诉讼参与人，根据我国《刑事诉讼法》规定,"其他诉讼参与人"是指辩护人、代理人、证人、鉴定人和翻译人员等。他们在刑事诉讼中不是独立执行诉讼职能的诉讼主体,但他们在刑事诉讼中同样依法享有保障其参加诉讼活动所必需的诉讼权利,同样承担相应的诉讼义务。在《刑事诉讼法》的修正中,又有一些新的诉讼角色进入刑事诉讼法,成为诉讼参与人。例如,2012年《刑事诉讼法》第192条第2款规定:"公诉人、当事人和辩护人、诉讼代理人可以申请法庭通知有专门知识的人出庭,就鉴定人作出的鉴定意见提出意见。"该条款规定确立了专家辅助人制度,相应地,专家辅助人也应成为其他诉讼参与人之一。此外,在未成年人刑事案件诉讼程序中依法参与程序的"合适成年人",也是其他诉讼参与人之一。

在刑事诉讼中,其他诉讼参与人之间一般不存在诉讼法律关系。他们都是具有相对独立性的诉讼参与人,彼此之间没有权利义务关系。其他诉讼参与人之所以是刑事诉讼法律关系主体,主要是因为他们分别与司法机关或当事人发生权利义务关系。其他诉讼参与人都不是诉讼职能的独立承担者,他们参加诉讼的目的,都是协助司法机关或当事人查明案件事实,维护合法权益,使案件得以正确处理。

与此同时,诉讼法律关系主体与诉讼主体是有区别的。司法机关、当事人和其他诉讼参与人都是刑事诉讼法律关系主体,但并不都是刑事诉讼主体。刑事诉讼主体,必须在刑事诉讼中承担控诉、辩护、审判或监督职能,主要是指司法机关和自诉人、被告人。

(二)刑事诉讼法律关系的内容

刑事诉讼法律关系的内容,系指刑事诉讼法律关系主体之间形成的权利义务关系。在一个具体的诉讼过程中,存在许多的诉讼法律关系,它们的内容因诉讼法律关系主体的不同而不同。

1. 司法机关之间的诉讼权利义务关系

司法机关是刑事诉讼中侦查、控诉和审判职能的承担者。司法机关的任务,就在于追究犯罪、惩罚犯罪、维护社会秩序的健康发展。刑事司法任务的完成,是以司法机关享有相应职权,具有必要诉讼手段为条件的。在刑事诉讼中,司法机关进行侦查,提起公诉,开展审判等,都是其依法行使职权的表现，一个机关依法行使自己的职权，具有绝对的法律效力，另一个机关不能干涉或无视其法律效果。

刑事诉讼活动，就是在司法机关分别依法行使其职权的过程中发生和发展直至终结的。因此，司法机关之间的诉讼权利义务关系，是以司法职权为基础的，具有浓烈的权力色彩。在诉讼权利与司法职权的关系上，当事人和其他诉讼参与人的诉讼权利是司法机关职权配置和运作的目的和界限；国家司法机关职权的行使，只有为了保障诉讼主体权利的实现，协调权利之间的冲突，制止权利之间的相互侵犯，维护权利的平衡，才是合法的和正当的。

因此，司法职权与诉讼权利之间存在不可分割的联系，在刑事诉讼中，司法机关是通过相互间结成的权利义务关系来实现其司法职能和价值目的的。

2. 司法机关同诉讼参与人的诉讼权利义务关系

司法机关依照法定程序揭露犯罪、证实犯罪和惩罚犯罪的活动，是在诉讼参与人的参加下进行的，如果没有诉讼参与人，刑事诉讼活动便无从展开。在刑事诉讼中，为了保障诉讼活动的顺利进行，以法律为手段在司法机关与诉讼参与人之间设定有明确、具体的权利义务关系。司法机关和诉讼参与人都不能超越权利、滥用或者放弃义务、推卸责任。

当事人是在刑事诉讼中处于原告人或者被告人的地位关系并同案件结局有直接利害关系的人。司法机关同当事人之间的权利义务是刑事诉讼中最基本的法律关系，在刑事诉讼法律体系中占主导地位，其他主体之间的诉讼法律关系都依这一关系而产生，并为之服务。可以说，如果没有诉讼当事人，就不可能有刑事诉讼；尤其是被告人，刑事诉讼活动正是围绕被告人犯罪行为的有无、轻重以及如何负担刑事责任而进行的。当事人在刑事诉讼中的重要地位，决定了他们与司法机关之间权利义务关系的特殊性：司法机关每一项诉讼权利的行使，都造成当事人必须承担相应的义务；每一诉讼义务的履行，都是为了保障当事人某项诉讼权利的行使。

在刑事诉讼中，其他诉讼参与人起着协助司法机关查明案件事实的作用。要准确、及时地查明案情，客观公正地处理案件，离不开其他诉讼参与人所进行的辩护、代理、证明、鉴定和翻译等活动。其他诉讼参与人在刑事诉讼中的活动内容和范围，体现于法律所界定的司法机关与其他诉讼参与人权利义务关系之中。例如，在我国刑事诉讼中，其他诉讼参与人作为诉讼法律关系的主体，在各个诉讼阶段中分别与公、检、法机关发生诉讼上的权利义务关系。他们的刑事诉讼权利受到司法机关的尊重和保护，履行诉讼义务受到司法机关的监督。他们有权用本民族语言文字进行诉讼；有权对司法人员侵犯其诉讼权利和人身侮辱的行为提出控告。特定的诉讼参与人还有特定的诉讼权利，如被害人如果不服检察机关不起诉的决定可以申诉；被害人有权提起附带民事诉讼；法定代理人享有当事人的部分诉讼权利；等等。同时，他们在诉讼中都必须接受司法机关合法的传唤，对司法机关的讯问应如实陈述；不得伪造、隐匿或毁灭证据；不得违反刑事诉讼程序和法庭秩序；等等。

3. 诉讼参与人之间的诉讼权利义务关系

在刑事诉讼中，诉讼参与人之间存在诉讼权利义务关系，虽然是个别现象，但也是不容忽视的。例如，当事人在庭审中向证人、鉴定人发问，发问是当事人的权利，回答提问则是证人、鉴定人的义务。又如，被告人委托辩护人为其辩护，辩护人接受委托进入诉讼，便产生了被告人同辩护人在诉讼上的权利义务关系。

在审判过程中，辩护人有义务为被告人进行辩护并负责到底，除遇到特殊情况，否则不能拒绝辩护；而被告人则有权拒绝辩护人继续为其辩护，也有权另行委托辩护人。代理人在委托范围内进行的诉讼行为与自诉人亲自进行的诉讼行为具有同等的法律效力，但代理人超越代理权限的行为，自诉人则有权予以否认，司法机关则要认定为无效。自诉人也可以撤销委托而另行委托其他人代理诉讼。诉讼参与人之间在诉讼上的权利义务关系，同其他诉讼法律主体间的权利义务关系一样，都受到司法机关的依法保障。

(三) 刑事诉讼法律关系的客体

刑事诉讼活动，实质上是刑事诉讼主体通过享有权利和承担义务能动地认识刑事诉讼法律关系客体并最终对之作出处理的过程。客体，是任何法律关系的要素之一。刑事诉讼法律关系的客体，就是刑事诉讼法律关系主体权利义务所指向的对象和作用的目标，即案件事实和被告人的刑事责任。

查清案件事实，确定被告人的刑事责任，是刑事诉讼活动所要解决的根本问题。刑事诉讼法律关系产生后，一切主体所进行的诉讼行为，无一不是围绕案件事实和被告人的刑事责任问题而展开的。司法机关决定立案，开始刑事诉讼，表明有犯罪事实发生，且需要追究刑事责任；收集证据，听取被告人的供述和辩解，询问证人，勘验、检查、搜查、扣押和鉴定，是为了查明案件事实的各种情节，为确定被告人行为的性质和刑事责任奠定基础；开展审判、审查、核对证据，听取控、辩双方的意见，是为了最终达成案件事实的认定和处理，确定被告人刑事责任的有无和大小。

上述诉讼过程作为一个整体，是在刑事诉讼法律关系主体行使诉讼权利和履行诉讼义务的前提下完成的。诉讼法律关系各个主体行使权利、履行义务的共同指向和一致目标，都在于求得案件事实清楚、证据确实充分以及在此基础上确定被告人的刑事责任，实现案件处理的准确无误。在刑事诉讼法律关系体系中，各主体的诉讼权利义务关系只有内容上的差异，没有指向上的不同。因此，刑事诉讼法律关系的客体，是案件事实和被告人的刑事责任。

在刑事司法实践中，可能出现刑事诉讼法律关系的主体违反法律规定、超越诉讼权利、滥用诉讼手段、推卸诉讼义务等现象，从而导致诉讼行为的错误。例如，司法机关因主客观原因出现的认识错误、判断失误、结论偏差；证人隐匿、伪造证据、逃避作证义务；被告人隐瞒事实真相、虚构事实情节；鉴定结论失真；被告人陈述真假参半；等等。这些都使诉讼权利义务关系处于不正常状态。但是，这些错误的诉讼行为，归根结底，也都是围绕案件事实和被告人刑事责任而进行的；诉讼法律关系主体滥用诉讼权利或推卸诉讼义务所指向的，仍然是案件事实和被告人刑事责任，即客体。

二、刑事诉讼法律关系的指导意义

刑事诉讼法律关系，与刑事司法实践有着紧密的联系。诉讼活动导致刑事诉讼法律关系的产生和终结，刑事诉讼法律关系反过来又制约着诉讼活动，任何诉讼活动都必须以刑事诉讼法律关系的内容为依据。因此，刑事诉讼法律关系对于刑事司法理论和实践，均具有重要指导意义。具体来说，其意义主要表现在以下几个方面：

(一) 对诉讼主体的意义

诉讼主体权利义务的实现，是以刑事诉讼法律为保障的。在刑事诉讼中，司法机关和诉讼参与人都是权利义务关系的主体，在依法行使权利和履行义务时，都必须严格遵守法律。刑事诉讼法律关系内容的实现，有利于促使司法机关严格依法办事，保护诉讼参与人尤其是被告人的合法权益。刑事诉讼法律关系诉讼参与人被视为在诉讼权利义务关系上与司法机关平等的主体，从而进一步明确了诉讼参与人在刑事诉讼中的法律地位，正确处理司法机关与诉讼参与人的关系，是顺利进行刑事诉讼活动的前提。被告人不是刑事诉讼客体，而是诉讼主体，享有广泛的诉讼权利。

因此，实现刑事诉讼法律关系的内容，可以促使司法机关在刑事诉讼中切实保障诉讼参与人依法行使诉讼权利，防止和避免对被告人辩护权的侵害，维护其合法权益。

(二) 对诉讼制度的意义

刑事诉讼法律关系的有效运作，可以促使司法机关和诉讼参与人的权利义务明确、具体，有利于实现诉讼民主化和法制化。诉讼法律关系清晰地表明了主体在刑事诉讼活动中的行为自由限度和义务承担，要求各主体必须在刑事诉讼法律规范的范围内进行诉讼活动，依照法定程序行使自己的诉讼权利，履行自己的诉讼义务。

现代刑事诉讼，不仅要求保护受到犯罪行为侵害的实体权益，维护社会秩序，而且要求诉讼活动本身也是有章可循，有法可依的权利保障机制，不允许侵害当事人和其他诉讼参与人依法享有的诉讼权利。回避制度、公开审判制度、无罪推定原则、两审终审制度、被告人有权获得辩护等制度，是诉讼民主的要求和体现，其目的在于保证诉讼活动自身的权利义务机制能够得以正常运转。正确认识刑事诉讼法律关系内容，切实维护其效力，无疑有利于促使刑事诉讼活动各项原则、制度的贯彻实施，使刑事诉讼活动走上民主化、法制化道路。

(三) 对诉讼过程的意义

刑事诉讼法律关系制约着整个刑事诉讼过程，使刑事诉讼活动有秩序、有组织地进行。刑事诉讼的产生、发展及运行方向，同刑事诉讼法律关系具有密切联系：刑事诉讼活动的内部形式就是刑事诉讼法律关系，在这些关系范围内，并借助于这些关系，进行刑事诉讼活动，不论案件进行到哪个阶段，对任何案件进行的活动都一定具有刑事诉讼法律关系的形式。

由于诉讼活动受诉讼法律关系的制约，从而使每一诉讼活动按照法律的规定相互衔接，形成完整的诉讼过程。现代刑事诉讼活动是在分工、合作、制衡的基础上建立起来的，具有阶段性和连续性的特点。各诉讼阶段能否有机地联结，关系到整个刑事诉讼活动的目标能否顺利实现。实现各诉讼行为、诉讼阶段的相互协调和统一，是提高刑事司法效率的重要环节。这正是刑事诉讼法律关系的固有功能。

第三章 刑罚的体系与种类

刑罚是由刑法所规定的、由审判机关确定对犯罪人适用并通过特定机关执行的强制方法。刑罚体系的设置能够鲜明地反映出一个国家刑罚的轻重程度，也是刑法人道性的主要标志之一。基于此，本章主要针对刑罚的概念、体系、主刑与附加刑、非刑罚处理方法来进行讨论。

第一节 刑罚概述

刑罚是犯罪人承担刑事责任的最主要方式。犯罪行为的后果是使犯罪人被剥夺或者限制某种权益，遭受一定的损失和痛苦，这也是刑罚的本质。如果缺少刑罚，那么刑法的价值将随之失去，犯罪的认定将缺乏意义，刑事责任承担也将会落空。因此，刑罚论在刑法理论中的地位是非常重要的。

一、刑罚及其特征

刑罚是由刑法规定的，由国家审判机关依法对犯罪人适用的限制或剥夺其某种权益的强制性方法。根据我国刑法的规定，刑罚分为主刑和附加刑。主刑分为管制、拘役、有期徒刑、无期徒刑和死刑。附加刑分为罚金、剥夺政治权利、没收财产以及针对外国人的驱逐出境。我国刑罚具有以下特征：

（一）刑罚只能由最高权力机关在刑法中规定

由于刑法中规定的刑罚直接关涉到公民的人身权利，刑罚的适用可能导致公民自由的丧失甚至生命的剥夺，因此，很多国家规定，只能由国家最高权力机关制定法律规定刑罚。根据《中华人民共和国宪法》(以下简称《宪法》)规定，全国人民代表大会行使的职权包括：制定和修改刑事、民事、国家机构的和其他的基本法律。据此，只有全国人民代表大会及其常务委员会才有权制定、修改刑法，其他任何机关均无权制定和修改刑法及其中的刑罚。同时，刑罚只能在刑法且必须在刑法中规定，其他任何法律不能规定刑罚。罪刑法定是刑法的基本原则，罪刑法定不仅要求罪之法定，而且要求刑之法定，不仅刑罚的种类和适用标准要由刑法明文规定，每一种犯罪的刑罚也应该由刑法明文规定。

(二) 刑罚是最为严厉的制裁方法

与其他法律制裁方法相比，刑罚是最为严厉的。刑罚是国家为了防止犯罪行为对法律的侵犯，由法院根据刑事立法，对犯罪人适用的建立在剥夺性、限制性痛苦基础上的最严厉的强制措施。其严厉性体现在刑罚不仅可能剥夺犯罪人的某种资格或者财产，还有可能限制、剥夺人的自由甚至生命，其带给犯罪人的损失与精神痛苦是其他任何法律制裁手段所无法比拟的。其他法律制裁则排除对生命的剥夺，一般也不涉及剥夺自由，其严厉程度都轻于刑罚。刑罚之所以最为严厉，是因为犯罪行为对社会的危害程度最严重，所以作为对犯罪行为进行打击、制裁与防范的手段，刑罚也应该最为严厉。虽然与过去相比，无论中外，刑罚的严厉程度都有所下降，刑罚措施也更加文明、人道和宽和，但就整体而言，刑罚仍然是最为严厉的制裁方法。

(三) 刑罚只能对犯罪人适用

刑罚是承担刑事责任的基本方式，刑罚的适用是国家对犯罪人行为所作出的最具否定性的评价。一般来说，刑罚是犯罪的当然后果，因此，刑罚只能针对犯罪人适用。犯罪人在我国包括自然人和单位。除此之外，刑罚不能适用于无罪的人，这是司法实践中务必遵循的铁律。

(四) 刑罚只能由国家审判机关依法适用

刑罚的适用主体只能是人民法院，刑罚只能由人民法院根据刑法和刑事诉讼法的规定去适用。《刑事诉讼法》第12条规定："未经人民法院依法判决，对任何人都不得确定有罪。"这也就意味着，只有人民法院才能确定行为人的行为是否构成犯罪，从而决定是否适用刑罚，适用何种类型和幅度的刑罚。其他任何机关或个人均无权适用刑罚。虽然刑事诉讼过程中，公安机关会对犯罪嫌疑人采取逮捕、拘留等剥夺人身自由的强制方法，监察机关可以对符合条件的被调查人员进行留置，但这些都不是刑罚。对他们采取强制措施，只是为了保证刑事诉讼的正常进行，不是适用刑罚。由此可见，人民法院才是刑罚的适用机关，当然，人民法院对犯罪人适用刑罚不能随心所欲，必须以刑法中的罪刑规定为依据，遵循刑事诉讼法规定的诉讼程序进行。

(五) 刑罚只能由特定机关执行

刑罚只有通过执行才能产生实际的效果，才能发挥其功能，实现其目的，因而刑罚只能由特定的机关依法执行。刑罚执行权是国家刑罚权的重要组成部分。

根据我国刑法、刑事诉讼法和社区矫正法的规定，死刑、罚金和没收财产由人民法院执行，无期徒刑和有期徒刑由监狱或者其他劳改场所执行，拘役和剥夺政治权利由公安机关执行，管制由负责社区矫正的司法行政机关执行。特定机关执行刑罚体现了刑罚的严肃性，也是刑罚区别于其他强制方法的标志。特定机关应该严格依照法律规定执行刑罚，而不能怠于执行或者不执行刑罚。

二、刑罚的功能表现

"刑罚功能理论是刑法理论的重要组成部分。"[1] 只有刑罚发挥其功能才能使刑法的规定具有现实的意义和价值。刑罚的功能是指国家正确制定、裁量和执行刑罚对社会个体以及整体所产生和可能产生的积极作用。此处的刑罚功能仅指刑罚的积极作用，即刑罚对国家和社会有利的作用。这样界定符合"功能"一词的本义，也有利于我们研究如何更好地发挥刑罚应有的效应：刑罚的适用对于不同的对象产生的功能是不同的。

---

[1] 胡笳. 论刑罚功能的实现 [J]. 科学与财富，2017(3)：170.-171.

(一) 对犯罪人的功能表现

刑罚是人民法院依法对犯罪人适用的强制方法，犯罪人是刑罚的直接承担者，因而刑罚首先对犯罪人发生作用，这种作用主要表现为如下几个方面：

(1) 惩罚功能。惩罚是刑罚的本质，也是刑罚的基本功能。刑罚的惩罚功能是指通过对犯罪人所适用刑罚，限制或剥夺犯罪人的某种权益，对其进行惩戒和责罚。刑罚能够剥夺犯罪人的金钱、资格、人身自由，甚至生命。通过剥夺使其丧失正常人拥有的权益，以此对其进行惩罚。作为"罪有应得"的刑罚在给犯罪人带来损失和痛苦的同时，使其因行为受到否定性评价而感受到心理上的耻辱。当然，通过惩罚也使犯罪人认识到犯罪得不偿失，进而警醒自己，防止自己再次犯罪，这些都是刑罚惩罚功能的效果。

(2) 教育改造功能。刑罚对犯罪人具有惩罚功能，但刑罚并非仅仅是惩罚，它还有教育改造功能。犯罪人之所以走上犯罪道路，很大程度上是思想认识上存在错误、人格上的自私贪婪，以及好逸恶劳的不良品性等所致，因此，仅有惩罚是不够的，刑罚还应该具有教育改造功能。刑罚通过制定、适用和执行，使犯罪人从中受到教育，养成良好的规范意识，消除犯罪的思想根源，自觉地把自己转变为去恶从善、遵纪守法、自食其力的公民。

刑罚的教育改造形式是多样的。根据我国刑法的规定，对于被判处管制、宣告缓刑、裁定假释和暂予监外执行的犯罪人，依法实行社区矫正。《中华人民共和国社区矫正法》(以下简称《社区矫正法》)第36条第1款规定："社区矫正机构根据需要，对社区矫正对象进行法治、道德等教育，增强其法治观念，提高其道德素质和悔罪意识。"第37条规定："社区矫正机构可以协调有关部门和单位，依法对就业困难的社区矫正对象开展职业技能培训、就业指导，帮助社区矫正对象中的在校学生完成学业。"

作为我国刑罚的主要执行机构，监狱同样要对罪犯开展教育。《中华人民共和国监狱法》(以下简称《监狱法》)第62条规定："监狱应当对罪犯进行法制、道德、形势、政策、前途等内容的思想教育。"第64条规定："监狱应当根据监狱生产和罪犯释放后就业的需要，对罪犯进行职业技术教育……"第69条规定："有劳动能力的罪犯，必须参加劳动。"相关机构通过形式多样的教育，对罪犯的思想、人格和行为进行矫正，提高其社会生存的技能，为其重新融入社会作准备。大多数犯罪人通过刑罚的改造，能弃恶从善，重新开始正常的社会生活。

虽然刑罚对犯罪人加以惩罚和改造，看似对犯罪人形成了负面的价值，但是最终可以帮助其改邪归正，重新融入社会，这不仅对其自身是积极的、有益的，也有利于社会的安宁与和谐，因而从整体上看，是积极的、正面的作用。

(二) 对被害人的功能表现

被害人是犯罪行为针对的对象，是因犯罪行为遭受损害的人。对犯罪被害人而言，刑罚的功能主要表现为安抚和慰藉功能。被害人因犯罪行为遭受到财产损失、健康损失甚至生命丧失，因而被害人及其亲属会对犯罪人存在不满和愤怒情绪，希望犯罪人受到刑罚的惩罚。对犯罪人适用刑罚，犯罪人罪有应得才能使被害人心灵上得到安抚和慰藉，平复心境，感受到法律的公平正义。公正司法，就是受到侵害的权利一定会得到保护和救济，违法犯罪活动一定要受到制裁和惩罚。如果犯罪人未受到应有刑罚处罚，极有可能引发被害人进行报复或者聚众闹事危害社会秩序等非理性行为。因而，安抚被害人是刑罚不可忽视的功能。

(三) 对社会的功能表现

对犯罪人适用刑罚，不仅对犯罪人和被害人发生作用，也会对其他社会成员产生影响，这就是刑罚的社会功能。这种功能表现在以下两个方面：

(1) 威慑功能。所谓"威慑"，是指使他人感到威吓和震慑。在立法上规定刑罚，使社会成员意识到犯罪的不利后果，权衡利弊后放弃犯罪。司法机关通过对犯罪人适用刑罚，使潜在犯罪分子感受到刑罚的现实性和严厉性，进而不敢犯罪，刑罚的威慑性得以发挥。

(2) 教育功能。通过刑罚的制定、适用和执行，能够帮助社会公众，获取关于犯罪与刑罚的知识，认识犯罪及其后果，这本身就是一种法治宣传和教育。一个案例胜过一沓文件，对犯罪分子定罪量刑本身也是生动的法治教育素材，能使社会公众从中受到教育和警示，从而自觉约束自己的行为，防范违法犯罪的发生,这就是刑罚教育功能所在。

第二节 刑罚的体系

刑罚的体系是指刑法中依据一定的标准对各种刑罚方法进行排列形成的刑罚序列。刑罚体系由各种具体的刑罚方法构成,这些刑罚方法也称为刑罚种类。我国刑罚体系从实现刑罚目的和功能的需要而出发,既考虑了我国历史传统,也考虑了时代发展需要,从而进行了科学的设置。

一、我国刑罚设置的整体状况

(一)主附刑结合,以自由刑为主

我国刑罚的体系由主刑和附加刑组成。主刑由轻到重依次是管制、拘役、有期徒刑、无期徒刑和死刑五种。附加刑包括罚金、剥夺政治权利、没收财产、驱逐出境四种刑罚。从刑法分则规定的法定刑看,每种犯罪都配置有剥夺自由刑,其中有期徒刑是适用面最广的刑罚种类,死刑只适用于46个罪名。因而,我国目前的刑罚体系可以概括为"主附刑结合,以自由刑为主"。

(二)整体趋缓,宽严相济

从我国刑罚的配置情况来看,整体趋于缓和。一方面,反映刑罚严厉性的死刑数量在我国刑法中逐渐缩减。中华人民共和国成立后,1997年《刑法》修改前,我国的死刑罪名有71个。1997年《刑法》将死刑罪名减少至68个。经过《刑法修正案(八)》和《刑法修正案(九)》的两次修正,目前,我国刑法的483个罪名中,只有46个罪名中设有死刑。另一方面,轻刑罪名在增加,近年来,增设了最高刑为拘役的危险驾驶罪、代替考试罪,使用虚假身份证件、盗用身份证件罪;增设了最高刑为1年有期徒刑的高空抛物罪、妨害安全驾驶罪、危险作业罪。轻刑罪名的设置从整体上减弱了刑罚的严厉程度，使我国刑罚趋于缓和。

宽严相济，主要体现在：我国刑罚为社会危害性程度不同的犯罪设置了轻重不同的法定刑。对诸如背叛国家罪，武装叛乱、暴乱罪，放火罪，故意杀人罪，绑架罪，强奸罪，抢劫罪等严重犯罪配置了死刑或者无期徒刑；对轻微犯罪，设置了诸如拘役、管制的轻刑，宽严相济，轻重结合，能满足处罚不同犯罪情形的需要。

二、我国刑罚体系的基本特点

（一）种类齐全、结构合理

在我国刑罚体系中既有针对财产的刑罚也有针对人身的刑罚。财产刑有罚金与没收财产，在针对人身的刑罚中，既有针对资格的剥夺政治权利，也有针对自由和生命的刑罚。在针对自由的刑罚中，既有开放型的管制刑，也有短期剥夺自由的拘役刑，还有适应不同刑期需要的有期徒刑、终身剥夺自由的无期徒刑，除此之外，还有剥夺生命的死刑。可见，我国的刑罚体系中各种类型刑罚配置齐全，而每种刑罚给犯罪人造成的剥夺性痛苦也不同，可以适应惩罚不同类型、不同程度的犯罪人的需要，因而这种配置是合理的。

（二）轻重搭配、衔接紧凑

我国刑罚中无论主刑还是附加刑都有轻有重，在同种刑罚内部，也有刑期长短、数量多少的区别，体现了有宽有严、宽严相济的刑事政策。不同种刑罚之间尽量做到了有序衔接。如我国拘役的最长期限为6个月，有期徒刑的最短期限为6个月，衔接严密。管制刑限制自由，监禁刑剥夺自由，刑罚结构紧凑有序。

（三）内容科学、刑罚人道

我国刑罚方法既遵循了我国刑罚历史发展的脉络，考虑了时代发展的实际需要，也参照了国际社会的有益经验。管制刑和死刑缓期执行都是中国的独创，同时设置了国外广泛适用的罚金刑。可见，我国刑罚体系既没有被历史所束缚，也没有照搬外国立法实践，而是具有中国特色，符合中国需要的刑罚体系，因而内容是科学的。

刑罚人道，主要体现在：我国刑罚体系中无论是何种刑罚方法，都会给犯罪人造成一定的痛苦，但是这些痛苦并不是蓄意使犯罪人在肉体或精神上遭受剧烈疼痛或痛苦，因而刑罚并不残虐。就死刑而言，对于应当判处死刑的犯罪分子，如果不是必须立即执行的，就可以判处死刑同时宣告缓期2年执行。死刑不适用于犯罪的时不满18周岁的人和审判的时怀孕的妇女；审判的时候已满75周岁的人，不适用死刑，但以特别残忍手段致人死亡的除外。废除了残酷的死刑执行方法，采用枪决或注射执行死刑。除死刑立即执行外，其他刑罚都侧重于教育改造犯罪人。另外，管制犯在社区中执行刑罚，在劳动中同工同酬；拘役犯每月可以回家一天到两天，参加劳动的，可酌量发给报酬。这些规定都表明我国刑罚具有人道性。

第三节 主刑与附加刑

一、主刑

主刑是对犯罪分子适用的主要刑罚方法。它的特点在于：主刑只能独立适用，不能附加适用；对一项犯罪只能适用一种主刑；但数罪并罚时，一个罪犯最终适用的主刑可能不止一个。根据我国刑法的规定，我国共有五种主刑，即管制、拘役、有期徒刑、无期徒刑和死刑。

(一)管制

管制，是指对犯罪分子不实行关押，但限制一定程度的自由，由社区进行矫正的刑罚方法。管制刑是我国独创的刑罚，是我国最轻的主刑，适用于罪行轻微、人身危险性小、不需关押的犯罪人。管制刑是一种开放性的刑罚方法，犯罪人无须脱离社会，并由社区负责监督、管理、帮教。

1.管制的优势

管制刑具有明显的优势：①管制可以避免犯罪人在监禁场所执行刑罚

被交叉感染的风险;②管制能充分发挥社会力量对其加以改造,借助家庭、单位的力量感召犯罪人,帮助他们改过自新,重新回归社会;③管制刑可以节约行刑成本;④管制与国际刑罚轻缓化的潮流相符。

2. 管制的特点

(1) 对犯罪分子不予关押。被判处管制的犯罪分子不被羁押在特定的场所或者设施内,不剥夺其人身自由。这是管制刑的主要特点,也是它与拘役、有期徒刑、无期徒刑最大的区别。

(2) 限制犯罪分子一定的自由。管制不剥夺犯罪分子自由,但是管制同样是一种刑罚,因而应当具有惩罚属性。管制的惩罚性即限制犯罪人的自由。限制自由表现为管制犯罪分子需遵守监管规定。《刑法》规定:被判处管制的犯罪分子,在执行期间,应当遵守下列规定:

第一,遵守法律、行政法规,服从监督。

第二,未经执行机关批准,不得行使言论、出版、集会、结社、游行、示威自由的权利。

第三,按照执行机关规定报告自己的活动情况。

第四,遵守执行机关关于会客的规定。

第五,离开所居住的市、县或者迁居,应当报经执行机关批准。

另外,根据《刑法》第38条第2款的规定,对某些管制犯罪分子可以同时宣告禁止令,即人民法院可以根据犯罪情况,同时禁止犯罪分子在执行期间从事特定活动,进入特定区域、场所,接触特定的人。"特定"的确定,需要人民法院根据每一起案件的具体情况,主要是个案中犯罪的性质、情节,行为人犯罪原因,维护社会秩序、保护被害人免遭再次侵害、预防犯罪人再次犯罪的需要等情况,作出具体的禁止性规定。

人民法院作出禁止令,可以只涉及一个方面,也可以同时涉及三个方面的事项。禁止令需具有针对性和可行性。例如,犯罪分子是因长期在网吧上网,形成网瘾,进而走上犯罪道路的,可以作出禁止其进入网吧的决定;如果犯罪分子是因为在夜总会、酒吧沾染上恶习实施犯罪的,则可作出禁止其进入夜总会、酒吧的决定;犯罪分子在犯罪前后有滋扰证人行为的,可作出禁止其接触证人的决定;犯罪分子是在酒后犯罪,且有酗酒习性的,可作出禁止其饮酒的决定;等等。但是禁止令的内容不能妨害犯罪分子的正常生活。例如，不能作出"禁止进入公共场所"等决定。如甲因"医闹"被法院以寻衅滋事罪判处管制2年，法院不能同时发布禁止甲出入医疗机构的禁止令。

最高人民法院、最高人民检察院、公安部、司法部联合发布了《关于对判处管制、宣告缓刑的犯罪分子适用禁止令有关问题的规定（试行）》，对适用禁止令的根据，禁止从事的活动，禁止进入的区域、场所和禁止接触的人员作出了详细的规定。若犯罪人在被判处管制的同时适用了禁止令，则其必须遵守禁止令。依照《刑法》第38条第4款的规定，管制犯罪分子违反禁止令的，由公安机关依照《中华人民共和国治安管理处罚法》的规定处罚。可见，监管规定和禁止令在一定程度上限制了管制犯罪人的人身自由，因而也是对犯罪人的惩罚。但是，管制犯罪分子参加劳动的，应当同工同酬。

（3）对犯罪分子自由的限制具有一定的期限。根据我国《刑法》第38条第1款的规定，管制的期限，为3个月以上2年以下。但是如果犯罪人因犯数罪被判处数个管制的，根据《刑法》第69条的规定，最高刑期不能超过3年。考虑到管制是限制犯罪人自由，而判决前先行羁押是剥夺人身自由，因而，《刑法》第41条规定，管制的刑期，从判决执行之日起计算；判决执行以前先行羁押的，羁押1日折抵刑期2日。根据《刑法》第40条的规定，被判处管制的犯罪分子，管制期满，执行机关应即向本人和其所在单位或者居住地的群众宣布解除管制。

（4）对管制犯依法实行社区矫正。管制是一种最轻的主刑，但对管制犯不能一放了之，也不能不管不治，而应该对其进行教育和矫治。根据《刑法》第38条第3款的规定，对被判处管制的犯罪分子，依法实行社区矫正。2019年12月28日，全国人民代表大会常务委员会通过了《社区矫正法》，自2020年7月1日起施行。该法的出台为管制的执行提供了规范化的依据。

《社区矫正法》第3条的规定，社区矫正工作坚持监督管理与教育帮扶相结合，专门机关与社会力量相结合，采取分类管理、个别化矫正，有针对性地消除社区矫正对象可能重新犯罪的因素，帮助其成为守法公民。社区矫正由专门机构分工负责。

《社区矫正法》第8条规定：国务院司法行政部门主管全国的社区矫正工作。县级以上地方人民政府司法行政部门主管本行政区域内的社区矫正工作。人民法院、人民检察院、公安机关和其他有关部门依照各自职责，依法做好社区矫正工作。人民检察院依法对社区矫正工作实行法律监督。地方人民政府根据需要设立社区矫正委员会，负责统筹协调和指导本行政区域内的社区矫正工作。司法所根据社区矫正机构的委托，承担社区矫正相关工作。社区矫正机构对管制犯罪人进行监督管理和教育帮扶。

《社区矫正法》第9条规定，社区矫正机构担负着教育和指导矫正对象的任务。根据《社区矫正法》第36条和第37条的规定，社区矫正机构根据需要，对社区矫正对象进行法治、道德等教育，增强其法治观念，提高其道德素质和悔罪意识。对社区矫正对象的教育应当根据其个体特征、日常表现等实际情况，充分考虑其工作和生活情况，因人施教。社区矫正机构可以协调有关部门和单位，依法对就业困难的社区矫正对象开展职业技能培训、就业指导，帮助社区矫正对象中的在校学生完成学业。

(二) 拘役

拘役，是指短期剥夺犯罪分子自由，就近执行并实行劳动改造的刑罚方法。拘役是一种短期自由刑，是介于管制和有期徒刑之间的一种较轻的刑罚，适用于罪行较为轻微，但需要与社会隔离的犯罪分子。如作为一种轻罪，危险驾驶罪的主刑即拘役。《刑法》第133条之一第1款规定："在道路上驾驶机动车，有下列情形之一的，处拘役，并处罚金：(一)追逐竞驶，情节恶劣的；(二)醉酒驾驶机动车的……"

1. 拘役的特点

根据《刑法》第42条至第44条的规定，拘役具有以下特点：

(1) 剥夺犯罪分子自由，即被判处拘役的犯罪分子关押在特定的改造场所进行改造，使其丧失人身自由。被判处拘役的犯罪人虽然罪行较轻，但不适宜在社会上执行，因而将其放在特定监禁场所加以教育改造。

(2) 剥夺自由的期限较短。拘役的期限为1个月以上6个月以下。根据《刑法》第44条的规定，拘役的刑期，从判决执行之日起计算；判决执行以前先行羁押的，羁押一日折抵刑期一日。根据《刑法》第69条的规定，如果行为人因犯数罪被判处几个拘役，数罪并罚时，拘役最高不能超过1年。

(3) 拘役由公安机关就近执行。被判处拘役的犯罪分子，由公安机关就近执行。拘役犯曾经一度放在拘役所中执行,但考虑到安全和规范执行刑罚的需要,对于被判处拘役的罪犯,则由看守所执行。

(4)享受一定的待遇。在执行期间,被判处拘役的犯罪分子每月可以回家一天至两天;参加劳动的,可以酌量发给报酬。这一点与有期徒刑、无期徒刑不同,被判处有期徒刑和无期徒刑的犯罪分子凡有劳动能力的一律实行无偿的强制劳动改造。

2. 拘役与其他惩罚措施的区别

拘役与刑事拘留、民事拘留和行政拘留都是短期剥夺自由的强制方法,但他们存在很大的不同,体现在以下方面:

(1)性质不同。拘役是刑罚方法,刑事拘留是刑事诉讼中的强制措施,民事拘留具有司法行政性质,行政拘留属于治安行政处罚。

(2)适用对象不同。拘役适用于犯罪分子,刑事拘留适用于《刑事诉讼法》第82条规定的七种情形之一,民事拘留适用于民事诉讼法中违反法庭规则、妨害司法行为、当事人恶意诉讼和调解、被执行人恶意诉讼、仲裁和调解、不履行协助调查或执行义务等情形,行政拘留适用于违反治安管理法规,尚未构成犯罪的人。

(3)适用的机关不同。拘役和民事拘留由人民法院适用,刑事拘留和行政拘留由公安机关适用。

(4)适用的法律依据不同。拘役根据刑法适用,刑事拘留根据刑事诉讼法适用;民事拘留根据民事诉讼法适用,行政拘留根据治安管理处罚法适用。另外,拘役与刑事拘留、民事拘留和行政拘留在适用期限、行为人待遇等方面也有不同。

(三)有期徒刑

有期徒刑,是指剥夺犯罪分子一定期限的人身自由,强制其劳动并接受教育和改造的刑罚方法。有期徒刑是我国适用面最广的刑罚方法。

1. 有期徒刑的特点

根据刑法的规定,有期徒刑具有如下特点:

(1)剥夺犯罪分子一定期限的自由。根据《刑法》第45条的规定,有期徒刑的期限,除第50、60条规定外,为6个月以上15年以下。但如果犯罪人因犯数罪，被判处数个有期徒刑，数罪并罚时，总和刑期不满35年的，最高不能超过20年，总和刑期在35年以上的，最高不能超过25年。根据《刑法》第47条的规定，有期徒刑的刑期从判决执行之日起计算，判决执行以前先行羁押的，羁押1日抵刑期1日。有期徒刑刑期弹性大，跨度长，可以适用于轻重不同的罪行，这是有期徒刑被广泛适用的重要原因。

（2）在监狱或者其他执行场所执行。根据《刑法》规定，被判处有期徒刑、无期徒刑的犯罪分子，在监狱或者其他执行场所执行。有期徒刑的执行场所主要是监狱。根据《监狱法》第2条的规定，被判处死刑缓期2年执行、无期徒刑、有期徒刑的罪犯，在监狱内执行刑罚。监狱以外的其他执行场所主要为针对未成年犯的未成年犯管教所。另外，根据《刑事诉讼法》第264条第2款的规定，对被判处有期徒刑的罪犯，在被交付执行刑罚前，剩余刑期在3个月以下的，由看守所代为执行。根据《监狱法》第25条的规定，对于被判处无期徒刑、有期徒刑在监内服刑的罪犯，符合刑事诉讼法规定的监外执行条件的，可以暂予监外执行。

2. 参加劳动，接受教育改造

根据《刑法》第46条的规定，被判处有期徒刑的犯罪分子，凡有劳动能力的，都应当参加劳动，接受教育和改造。有劳动能力，是指根据罪犯的身体健康状况，可以参加劳动。劳动是改造罪犯、实现刑罚特殊预防目的的重要方式，也是评价罪犯是否有悔改表现的重要指标，是法定的奖惩考核内容，因此强制有劳动能力的罪犯进行无偿劳动是必要的。在进行劳动改造的同时，还应对罪犯进行其他教育。根据《监狱法》第4条的规定，监狱对罪犯应当依法监管，根据改造罪犯的需要，组织罪犯从事生产劳动，对罪犯进行思想教育、文化教育、技术教育。

（四）无期徒刑

无期徒刑，是指剥夺犯罪分子的终身自由，强制其参加劳动并接受教育改造的刑罚方法。无期徒刑是仅次于死刑的刑罚方法。无期徒刑适用于罪行严重，但不至于被判处死刑，需要与社会永久隔离的犯罪分子。但是，未成年人犯罪只有罪行极其严重的，才可以适用无期徒刑。对已满14周岁不满16周岁的人犯罪的，一般不判处无期徒刑。无期徒刑的特点如下：

(1) 剥夺犯罪分子终身自由。从语词上看，被判处无期徒刑的犯罪分子将永久与社会隔离，实行无期限关押。但被判处无期徒刑的犯罪分子还有回归社会的机会。根据刑法关于减刑和假释的规定，如果被判处无期徒刑的犯罪分子确有悔改或者立功表现，符合减刑或者假释条件的，可以被减刑或假释。此外，如果国家发布特赦令，无期徒刑的犯罪人也有机会获得特赦。

(2) 在监狱或其他执行场所执行刑罚，强制劳动改造。根据《刑法》第46条的规定，被判处无期徒刑的犯罪分子在监狱或者其他执行场所执行刑罚；凡有劳动能力的，都应当参加无偿劳动，接受教育和改造。

(3) 无期徒刑与剥夺政治权利同时适用。根据《刑法》第57条的规定，对于被判处死刑、无期徒刑的犯罪分子，应当剥夺政治权利终身。据此，在判处犯罪人无期徒刑的同时，必须附加剥夺其政治权利终身。这显示出国家对被判处无期徒刑的犯罪分子也予以政治上的否定。

无期徒刑不同于我国《刑法》第383条第4款和第386条规定的终身监禁。终身监禁并不能等于无期徒刑。终身监禁仅适用于特定的犯罪人，即因犯贪污罪或者受贿罪被判处死刑缓期2年执行，因没有故意犯罪，2年期满，减为无期徒刑后，不得减刑与假释的犯罪人。可见，终身监禁并非刑罚种类，而是与死缓配合适用于特定犯罪的处罚方法。它与无期徒刑在法律性质、适用对象、适用后果上均有不同。

(五) 死刑

死刑又称生命刑、极刑，是剥夺犯罪分子生命的刑罚方法，因此它是一种最严厉的刑罚方法。从立法实践来看，目前有近2/3的国家已废除死刑或不适用死刑。

1. 死刑的存废

死刑的存废不是一个国家落后或者进步的标志，也不是愚昧与文明的界限。死刑的存废与一个国家历史文化传统、社会现实需要和国民心理接受程度有着密切的关系。我国目前保留死刑的原因有以下三点：

第一，我国正处于"百年未有之大变局"，面临着错综复杂的国际形势、艰巨繁重的国内改革发展和稳定任务，各种风险和挑战犹存。人民日益增长的美好生活需要和不平衡、不充分的发展之间的矛盾凸显。现阶段，破坏国家安全，危害公共安全，侵犯公民人身权利、财产权利等严重犯罪仍然存在。刑法维护国家安全和社会稳定的任务艰巨，因而必须继续运用死刑这一刑罚手段同犯罪作斗争，遏制重大犯罪活动的发生。

第二，对严重危害国家和社会的犯罪分子，适用死刑，达到特殊预防的刑罚目的，也能发挥教育警示危险分子和不稳定分子的效果，达到刑罚一般预防的目的。

第三，保留死刑，符合社会大众的价值观。"杀人偿命"目前还是我国广大公民所认同的正义观，废除死刑超越了我国现阶段社会公众的认知与情感，缺乏社会文化和心理基础。

综上，运用死刑惩罚极少数罪行极其严重的犯罪分子，仍然是保卫国家安全和人民利益、保障社会主义现代化建设顺利进行的必要手段。

保留死刑并不意味着死刑可以广泛适用，相反，随着人们观念的更新和社会的发展变化，严格控制死刑的观念已经被越来越多的人所接受。保留死刑，严格控制和慎重适用死刑，坚持少杀、防止错杀是我国一贯政策。这在立法上表现为死刑数量在不断减少。1997年新修订刑法出台时，68个罪名中设置有死刑。2011年5月1日生效的《刑法修正案（八）》取消了13个罪名中的死刑；2015年11月1日生效的《刑法修正案（九）》取消了9个罪名中的死刑。

通过修正，一些经济犯罪和财产犯罪中的死刑被废除，包括走私文物罪，走私贵重金属罪，走私珍贵动物、珍贵动物制品罪，走私普通货物、物品罪，票据诈骗罪，金融凭证诈骗罪，信用证诈骗罪，虚开增值税专用发票、用于骗取出口退税、抵扣税款发票罪，伪造、出售伪造的增值税专用发票罪，盗窃罪，传授犯罪方法罪，盗窃古文化遗址、古墓葬罪，盗掘古人类化石、古脊椎动物化石罪，走私武器、弹药罪，走私核材料罪，走私假币罪，伪造货币罪，集资诈骗罪，等等。

目前，我国共有46个死刑罪名，主要分布在危害国家安全罪、危害公共安全罪、侵犯公民人身权利罪、贪污贿赂罪和军人违反职责罪等章节中。不仅如此，为了防止死刑的滥用和错用，我国刑法总则对死刑适用进行了严格的限制。

2. 死刑的限制性规定

死刑不是最好的刑罚制度，死刑的滥用会造成无法挽回的后果，因此死刑只能当成最后的手段。我国保留了死刑，但从适用条件、对象、方式、程序多方面严格限制死刑的适用。

(1) 从适用条件上严格限制。根据《刑法》第48条的规定，死刑只适用于罪行极其严重的犯罪分子。罪行极其严重，是指犯罪的性质极其严重、犯罪的情节极其严重、犯罪分子的人身危险性极其严重的统一。对于罪行十分严重、社会危害性极大，依法应当判处重刑或死刑的，要坚决地判处重刑或死刑；对于极端仇视国家和社会，以不特定人为侵害对象，所犯罪行特别严重的犯罪分子，该重判的要坚决依法重判，该判处死刑的要坚决依法判处死刑。

根据刑法的规定，只能对符合罪行极其严重的犯罪人应该适用死刑，对不符合罪行极其严重条件的则不能适用死刑。在司法实践中，符合罪行极其严重的犯罪人毕竟是少数，因而"罪行极其严重"实际上限制了死刑的适用。

(2) 从适用对象上进行严格限制。根据《刑法》第49条的规定，犯罪的时候不满18周岁的人和审判的时候怀孕的妇女，不适用死刑。这意味着，对这两类人，即使罪行极其严重，也绝对不能适用死刑。这里的"不适用死刑"，是指既不适用死刑立即执行，也不适用死刑缓期2年执行。这一规定体现了我国对未成年人重在教育的政策和体恤幼小的人道主义精神。审判时怀孕的妇女，是指在人民法院审判的时候被告人是怀孕的妇女，也包括审判前在羁押受审时已是怀孕的妇女，不论其是否自然流产或者经人工流产，以及流产后移送起诉或审判期间的长短。换言之，只要刑事诉讼程序已经启动，尚未结束，对此期间怀孕的妇女，无论基于何种原因，均不适用死刑。

在司法实践中，怀孕妇女因涉嫌犯罪在羁押期间自然流产后，又因同一事实被起诉、交付审判的，应当视为"审判的时候怀孕的妇女"，依法不适用死刑。羁押期间做人工流产后脱逃，多年后被抓获交付审判的，不能适用死刑。

除了犯罪的时候不满18周岁的人和审判的时候怀孕的妇女，不适用死刑以外，《刑法》第49条第2款规定："审判的时候已满七十五周岁的人，不适用死刑，但以特别残忍手段致人死亡的除外。"以特别残忍手段，是指犯罪手段令人发指，严重违背人类的善良风俗、伦理底线和恻隐心的行为。如果没有达到特别残忍的程度，对审判时年满75周岁的人，不适用死刑。该规定体现了我国对老年人认知情况的特殊考虑，也体现了中华文化中矜老的传统。

（3）从适用程序上严格限制。《刑法》第48条第2款规定："死刑除依法由最高人民法院判决的以外，都应当报请最高人民法院核准。死刑缓期执行的，可以由高级人民法院判决或者核准。"为了打击严重刑事犯罪的需要，最高人民法院曾经将死刑案件的核准权下放给部分省、自治区、直辖市的高级人民法院行使。这种做法虽然减轻了最高人民法院的负担，但是破坏了法律的统一性，也难以保证死刑案件的质量，更不利于保障犯罪人的基本人权。

为解决这一问题，最高人民法院作出了《关于统一行使死刑案件核准权有关问题的决定》，规定自2007年1月1日起，所有死刑案件的核准权全部收回至最高人民法院统一行使。根据我国《刑事诉讼法》第21条及第246至248条的规定，可能判处无期徒刑、死刑的案件由中级人民法院进行一审，基层法院不得审理死刑案件。中级人民法院判处死刑的第一审案件，被告人不上诉的，应当由高级人民法院复核后，报请最高人民法院核准。高级人民法院判处死刑的第一审案件，被告人不上诉的，和判处死刑的第二审案件，都应当报请最高人民法院核准。中级人民法院判处死刑缓期2年执行的案件，由高级人民法院核准。严格的核准程序为防止死刑被错用或滥用，保证死刑核准标准的统一性和严肃性提供了保障。

此外，为了依法、公正、准确、慎重地办理死刑案件，惩罚犯罪，保障人权，2010年7月，最高人民法院、最高人民检察院、公安部、国家安全部、司法部联合发布了《关于办理死刑案件审查判断证据若干问题的规定》，要求办理死刑案件，必须严格执行刑法和刑事诉讼法，切实做到事实清楚，证据确实、充分，程序合法，适用法律正确，确保案件质量。

（4）从执行制度上限制死刑立即执行的适用。我国死刑的执行制度包括死刑立即执行和死刑缓期2年执行。《刑法》第48条规定，"对于应当判处死刑的犯罪分子，如果不是必须立即执行的，可以判处死刑，同时宣告缓期二年执行",这就是死缓制度。死缓是对犯罪分子暂缓执行死刑,其期限为2年,2年期间强迫犯罪人劳动,以观后效。死缓不是独立的刑罚种类,它与死刑立即执行同为我国死刑执行制度。死缓是我国的独创,其目的在于贯彻我国少杀、慎杀的刑事政策,控制和减少死刑实际执行数量。死缓具有如下特点:

1)适用对象是应当判处死刑,不是必须立即执行的犯罪分子。犯罪人罪行极其严重,这是宣告死缓的前提条件。到底哪些犯罪分子属于"不是必须立即执行"死刑的,刑法没有明确规定。在司法实践中由法官根据犯罪人的具体犯罪事实和量刑情节加以考虑。比如,犯罪后有自首、立功、坦白等法定从宽处罚情节的;在共同犯罪中发挥的作用较小的;被害人有过错导致犯罪人激愤犯罪等。

2)死缓的法律效果有三种情形。《刑法》第50条规定,在死刑缓期执行期间,如果没有故意犯罪,2年期满以后,减为无期徒刑;如果确有重大立功表现,2年期满以后,减为25年有期徒刑;如果故意犯罪,情节恶劣的,报请最高人民法院核准后执行死刑。"情节恶劣"需结合犯罪的动机、手段、危害、造成的后果等犯罪情节,即以罪犯在缓期执行期间的改造、悔罪表现等综合确定。对于虽然故意犯罪,但因为未达"情节恶劣"而未被执行死刑的罪犯,死刑缓期执行的期间重新计算,并报最高人民法院备案。意即死缓期间故意犯罪,即使因没有达到"情节恶劣"未被最高人民法院核准死刑立即执行,犯罪人此前的死缓期限作废,死缓期限重新起算。从死缓的三种法律效果看,只有犯罪人在死缓期间故意犯罪,且情节恶劣的才有可能被核准执行死刑立即执行,其余两种情形都将会被减刑。可见,死缓给犯罪分子留有活路,是从执行制度方面对死刑立即执行的限制。

考虑到死缓犯所犯罪行和社会危害性的差异,对一些罪行严重的死缓犯,我国刑法规定了以下两种特殊的处理方式。

第一,《刑法》第50条规定了"限制减刑"的死缓,即"对被判处死刑缓期执行的累犯以及因故意杀人、强奸、抢劫、绑架、放火、爆炸、投放危险物质或者有组织的暴力性犯罪被判处死刑缓期执行的犯罪分子,人民法院根据犯罪情节等情况可以同时决定对其限制减刑"。限制减刑并非不得减刑,但是对犯罪人在减刑之前执行的刑期、减刑的幅度和间隔时间方面要求更加严格，犯罪人实际执行的刑期比其他死缓犯减刑后实际执行的刑期更长。

第二，《刑法》第383条第4款规定了附带"终身监禁"的死缓，即犯贪污罪、受贿罪，数额特别巨大，并且使国家和人民利益遭受特别重大损失的，人民法院根据犯罪情节等情况，可以同时决定在其死刑缓期执行2年期满依法减为无期徒刑后，终身监禁，不得减刑、假释。

死刑立即执行的严厉性不言而喻，对于应当判处死刑的犯罪分子，如果不是必须立即执行的犯罪分子适用死缓，从执行制度上限制了死刑立即执行的适用，是贯彻坚持少杀、防止错杀死刑政策行之有效的举措。

除了刑法通过死缓限制死刑立即执行适用之外，有关司法文件规定：对于因婚姻家庭、邻里纠纷等民间矛盾激化引发的故意杀人犯罪，适用死刑一定要十分慎重，应当与发生在社会上的严重危害社会治安的其他故意杀人犯罪案件有所区别。对于被害人一方有明显过错或对矛盾激化负有直接责任，或者被告人有法定从轻处罚情节的，一般不应判处死刑立即执行。

二、附加刑

附加刑是补充主刑适用的刑罚类型。它的特点在于既可以独立适用，也可附加于主刑适用；一项犯罪可判处几个附加刑；对一个罪犯，最终可以同时适用几个附加刑。我国刑法规定的附加刑包括罚金、剥夺政治权利、没收财产和驱逐出境，其中"剥夺政治权利是资格刑，罚金和没收财产刑是财产刑"。[1]

（一）罚金

罚金是强制犯罪分子向国家缴纳一定数额金钱的刑罚方法。罚金属于财产刑的一种，主要适用于贪图财利或者与财产有关的犯罪，同时也适用于少数妨害社会管理秩序的犯罪。如《刑法》第170条规定："伪造货币的，处三年以上十年以下有期徒刑，并处罚金……"《刑法》第263条规定："以暴力、胁迫或者其他方法抢劫公私财物的，处三年以上十年以下有期徒刑，并处罚金……"对于追求经济利益的犯罪分子判处罚金，既可以剥夺犯罪分子继续犯罪的经济条件，也能对犯罪分子起到惩罚与教育的作用，达到特殊预防的

---

[1] 季玉良，谭海军，吴亮．附加刑并罚问题探析[J]．法制与社会，2017(32)：208-209.

效果。

1. 罚金的适用方式

从我国刑法分则具体罪名中罚金刑的设置来看,罚金的适用方式分为如下情况:

(1) 选处罚金。选处罚金是将罚金与有关主刑并列,由人民法院根据犯罪的具体情况选择适用。在此种情况下罚金只能独立适用,不能附加适用。如《刑法》第277条第1款规定:"以暴力、威胁方法阻碍国家机关工作人员依法执行职务的,处三年以下有期徒刑、拘役、管制或者罚金。"《刑法》第340条规定:"违反保护水产资源法规,在禁渔区、禁渔期或者使用禁用的工具、方法捕捞水产品,情节严重的,处三年以下有期徒刑、拘役、管制或者罚金。"在这些条文中,罚金与主刑并列,选择了主刑,则不能选择罚金,选择了罚金,则不能选择主刑。

(2) 单处罚金。单处罚金是对犯罪分子只能判处罚金,而不能判处其他刑罚,此时,罚金是唯一的法定刑。单处罚金包括以下两种情形:

第一,刑法分则规定对单位犯罪判处刑罚的,都是对单位判处罚金,即对单位只能判处罚金,而不能判处其他刑罚。

第二,根据最高人民法院发布的《关于适用财产刑若干问题的规定》,犯罪情节较轻,适用单处罚金不致再危害社会并具有这些情形之一的,可以依法单处罚金,包括:①偶犯或者初犯;②自首或者有立功表现的;③犯罪时不满18周岁的;④犯罪预备、中止或者未遂的;⑤被胁迫参加犯罪的;⑥全部退赃并有悔罪表现的;⑦其他可以依法单处罚金的情形。

(3) 并处罚金。并处罚金是在判处主刑的同时附加适用罚金,根据刑法分则规定的情形看,分为必须附加和可以附加罚金两种情形。根据有关司法解释,刑法规定"并处"没收财产或者罚金的犯罪,人民法院在对犯罪分子判处主刑的同时,必须依法判处相应的财产刑;刑法规定"可以并处"没收财产或者罚金的犯罪,人民法院应当根据案件具体情况及犯罪分子的财产状况,决定是否适用财产刑。

如《刑法》第120条第1款规定:"组织、领导恐怖活动组织的,处十年以上有期徒刑或者无期徒刑,并处没收财产;积极参加的,处三年以上十年以下有期徒刑,并处罚金;其他参加的,处三年以下有期徒刑、拘役、管制或者剥夺政治权利,可以并处罚金。"该条中,对积极参加者,必须并处罚金,对其他参加的,由人民法院根据犯罪事实决定是否适用罚金。

(4) 并处或单处罚金。并处或单处罚金是指罚金既可附加主刑适用,也可以作为与主刑并列的刑罚方法选择适用。人民法院可以对犯罪人判处主刑,同时附加适用罚金,也可以不判处主刑,仅适用罚金。刑法当中并处或单处罚金的立法较为常见。如《刑法》第133条之二第1款规定:"对行驶中的公共交通工具的驾驶人员使用暴力或者抢控驾驶操纵装置,干扰公共交通工具正常行驶,危及公共安全的,处一年以下有期徒刑、拘役或者管制,并处或者单处罚金。"《刑法》第216条规定:"假冒他人专利,情节严重的,处三年以下有期徒刑或者拘役,并处或者单处罚金。"

据此,人民法院可以在判处被告人有期徒刑、拘役或者管制的同时,附加适用罚金,也可以仅对其判处罚金,而不判处主刑。

2. 罚金数额的规定

《刑法》第52条规定:"判处罚金,应当根据犯罪情节决定罚金数额。"判处罚金刑,应当以犯罪情节为根据,并综合考虑被告人缴纳罚金的能力,依法决定罚金数额。比如,对醉酒驾驶机动车的被告人判处罚金,应当根据被告人的醉酒程度、是否造成实际损害、认罪悔罪态度等情况,确定与主刑相适应的罚金数额。从我国刑法分则的规定看,罚金刑的数额确定有如下情况:

(1) 无上限罚金制。无上限罚金制是指只规定判处罚金,但不规定罚金上限的具体数额,而是由人民法院依照刑法总则相关规定确定罚金的数额。刑法对单位犯罪判处罚金皆属于此种情形,对自然人犯罪也有无上限罚金制的立法例。如《刑法》第284条之一第1款规定:"在法律规定的国家考试中,组织作弊的,处三年以下有期徒刑或者拘役,并处或者单处罚金;情节严重的,处三年以上七年以下有期徒刑,并处罚金。"

虽然刑法没有规定具体的罚金数额,但并不等于罚金没有下限。根据《最高人民法院关于适用财产刑若干问题的规定》,罚金最低不能少于1000元,对未成年人犯罪应当从轻或者减轻判处罚金,但罚金数额不能少于500元。

(2) 限额罚金制。限额罚金制是指刑法明确规定了上、下限的罚金。

①明知是伪造的货币而持有、使用,数额较大的,处三年以下有期徒刑或者拘役,并处或者单处一万元以上十万元以下罚金;②数额巨大的,处三年以上十年以下有期徒刑,并处二万元以上二十万元以下罚金;③数额特别巨大的,处十年以上有期徒刑,并处五万元以上五十万元以下罚金或者没收财产。

(3) 比例罚金制。比例罚金制是指根据犯罪金额的百分比确定罚金的数额。如《刑法》第159条第1款规定:"公司发起人、股东违反公司法的规定未交付货币、实物或者未转移财产权,虚假出资……处五年以下有期徒刑或者拘役,并处或者单处虚假出资金额或者抽逃出资金额百分之二以上百分之十以下罚金。"《刑法》第179条第1款规定:"未经国家有关主管部门批准,擅自发行股票或者公司、企业债券,数额巨大、后果严重或者有其他严重情节的,处五年以下有期徒刑或者拘役,并处或者单处非法募集资金金额百分之一以上百分之五以下罚金。"

(4) 倍数制。倍数制是指根据犯罪数额的倍数确定罚金的数额。如《刑法》第175条第1款规定:"以转贷牟利为目的,套取金融机构信贷资金高利转贷他人……并处违法所得一倍以上五倍以下罚金……"《刑法》第202条规定:"以暴力、威胁方法拒不缴纳税款的,处三年以下有期徒刑或者拘役,并处拒缴税款一倍以上五倍以下罚金……"

(5) 比例兼倍数制。比例兼倍数制是指同时以犯罪金额的比例和倍数决定罚金的数额。如《刑法》第148条规定:"生产不符合卫生标准的化妆品,或者销售明知是不符合卫生标准的化妆品……并处或者单处销售金额百分之五十以上二倍以下罚金。"

3. 罚金刑的执行方式

罚金在判决指定的期限内一次或者分期缴纳。期满不缴纳的,强制缴纳。对于不能全部缴纳罚金的,人民法院在任何时候发现被执行人有可以执行的财产,应当随时追缴。由于遭遇不能抗拒的灾祸等原因缴纳确实有困难的,经人民法院裁定,可以延期缴纳、酌情减少或者免除。据此,罚金的执行有如下方式:

(1) 一次或者分期缴纳。

(2) 强制缴纳。强制缴纳针对的是有能力缴纳而不缴纳的情形。

(3) 随时缴纳。随时缴纳针对的是"不能全部缴纳罚金的",包括当时确无能力缴纳而不能全部缴纳,也包括将财产转移、隐匿而不缴纳的情形。

(4) 延期、减少或者免除缴纳。延期、减少或者免除缴纳针对的是遭受火灾、水灾、地震等灾祸而丧失财产,罪犯因重病、伤残等丧失劳动能力,或者需要罪犯抚养的近亲属患有重病,需支付巨额医疗费等,确实没有财产可供执行的情形。

我国刑法不允许用缴纳罚金代替监禁刑,也不允许用监禁刑代替罚金。

4. 民事赔偿责任优先

《刑法》规定:"承担民事赔偿责任的犯罪分子,同时被判处罚金,其财产不足以全部支付的,或者被判处没收财产的,应当先承担对被害人的民事赔偿责任。"可见,在犯罪人同时负有民事赔偿责任和执行罚金的情况下,民事责任优先于罚金刑的执行。

5. 未成年人适用罚金的特殊规定

为了在司法实践中贯彻对未成年人"教育为主,惩罚为辅"的原则,最高人民法院出台了《关于审理未成年人刑事案件具体应用法律若干问题的解释》,对未成年人犯罪适用罚金刑作了特殊规定。其中,对未成年罪犯实施刑法规定的"并处"没收财产或者罚金的犯罪,应当依法判处相应的财产刑;对未成年罪犯实施刑法规定的"可以并处"没收财产或者罚金的犯罪,一般不判处财产刑。对未成年罪犯判处罚金刑时,应当依法从轻或者减轻判处,并根据犯罪情节,综合考虑其缴纳罚金的能力,确定罚金数额,但罚金的最低数额不得少于500元人民币。对被判处罚金刑的未成年罪犯,其监护人或者其他人自愿代为垫付罚金的,人民法院应当允许。

6. 罚金与罚款的区别

罚金与罚款有明显的不同。二者的区别如下:

(1) 性质不同。罚金是刑罚方法,罚款是行政处罚。

(2) 适用对象不同。罚金适用于犯罪分子,罚款适用于一般违法分子。

(3) 适用机关不同。罚金的适用机关是人民法院,罚款的适用机关是公安、海关、税务、工商等行政机关。

(4) 适用的法律依据不同。适用罚金的法律根据是刑法,适用罚款的法律根据是治安管理、海关、税务、工商等行政法律、法规。

(二) 剥夺政治权利

剥夺政治权利，是指剥夺犯罪人参加管理国家和政治活动权利的刑罚方法。

1. 剥夺政治权利的内容

根据《刑法》第54条的规定，剥夺政治权利是指剥夺犯罪分子以下权利：

(1) 选举权和被选举权。

(2) 言论、出版、集会、结社、游行、示威自由的权利。

(3) 担任国家机关职务的权利。

(4) 担任国有公司、企业、事业单位和人民团体领导职务的权利。

被剥夺政治权利的人可以在国有公司、企业、事业单位和人民团体中继续工作，只是不能担任领导职务。此外，被剥夺政治权利的人仍然享有担任集体、私营公司、企业和事业单位领导职务。

一旦罪犯被判处剥夺政治权利，上述四项权利全部被剥夺。

2. 剥夺政治权利的适用对象

剥夺政治权利适用范围较为广泛，既可以适用于严重犯罪，也可以适用于较轻微的犯罪；既可以适用于危害国家安全的犯罪分子，也可以适用于普通刑事犯罪分子。如对于危害国家安全的犯罪分子应当附加剥夺政治权利，对一些轻罪也可以剥夺政治权利。如《刑法》第299条之一规定："侮辱、诽谤或者以其他方式侵害英雄烈士的名誉、荣誉，损害社会公共利益，情节严重的，处三年以下有期徒刑、拘役、管制或者剥夺政治权利。"

除刑法规定"应当"附加剥夺政治权利外，对未成年犯罪一般不判处附加剥夺政治权利。如果对未成年犯罪判处附加剥夺政治权利的，应当依法从轻判处。

3. 剥夺政治权利的适用方式

剥夺政治权利既可以独立适用，也可以附加适用。当独立适用时，可适用于较轻的犯罪，当附加适用时，可适用于严重犯罪。根据刑法和相关司法解释的规定，剥夺政治权利的适用方式有如下情形：

(1) 附加于主刑适用。附加剥夺政治权利包含"应当"和"可以"附加剥夺政治权利。具体而言，有如下情形：

第一，对于危害国家安全的犯罪分子应当附加剥夺政治权利。

第二，对于被判处死刑、无期徒刑的犯罪分子，应当剥夺政治权利终身。之所以作此规定，主要原因在于：在对犯罪人判处重刑，予以法律上否定的同时，对犯罪人也应予以政治上的否定。同时剥夺政治权利能防止罪犯被赦免或者假释后利用政治权利实施犯罪，也可以防止此类人或者其家属代为行使有关政治权利。对应当附加剥夺政治权利的，人民法院没有选择的余地，必须在依法适用主刑的同时附加适用剥夺政治权利。

第三，对于严重破坏社会秩序的犯罪分子，可以附加剥夺政治权利。

第四，对故意伤害、盗窃等其他严重破坏社会秩序的犯罪，犯罪分子主观恶性较深、犯罪情节恶劣、罪行严重的，也可以附加剥夺政治权利。

第五，对于犯组织、利用邪教组织破坏法律实施罪和组织、利用邪教组织致人重伤、死亡罪，严重破坏社会秩序的犯罪分子，可以附加剥夺政治权利。

(2) 独立适用。独立适用剥夺政治权利的由刑法分则规定，即将剥夺政治权利与有关主刑并列供选择适用，如果选择剥夺政治权利，则不能再适用主刑。在情节较轻，不宜判处主刑的场合，可以独立适用剥夺政治权利。从我国刑法分则规定来看，可以独立适用剥夺政治权利的犯罪主要集中于危害国家安全罪、侵害公民人身权利、民主权利罪、妨害社会管理秩序罪、危害国防利益罪等犯罪类型中罪行较轻的犯罪。如分裂国家罪，煽动分裂国家罪，武装叛乱、暴乱罪，颠覆国家政权罪，煽动颠覆国家政权罪中的"其他参加者"。《刑法》规定："组织、策划、实施分裂国家、破坏国家统一的……对其他参加的，处三年以下有期徒刑、拘役、管制或者剥夺政治权利。"

此外，在盗窃、抢夺、毁灭国家机关公文、证件、印章罪，伪造公司、企业、事业单位、人民团体印章罪，伪造、变造、买卖身份证件罪等犯罪中都将附加剥夺政治权利作为与主刑并列的刑罚，供法官选择适用，一旦选择了剥夺政治权利，则不能选择适用主刑。

4. 剥夺政治权利的期限

剥夺政治权利的期限分为以下四种情况：

(1) 判处管制附加剥夺政治权利的，剥夺政治权利的期限与管制的期限相同，同时起算，同时执行。

（2）独立适用或者判处拘役、有期徒刑附加剥夺政治权利的期限为1年以上5年以下。剥夺政治权利的期限从主刑执行完毕之日或者从假释之日起计算，附加剥夺政治权利的效力当然施用于主刑执行期间。如甲因犯罪被判处有期徒刑3年，附加剥夺政治权利1年，甲实际上不享有政治权利的时间为4年。但是应该注意的是，如果犯罪人被判处有期徒刑、拘役而没有被附加剥夺政治权利的，在刑罚执行期间仍应享有一定的政治权利。

（3）对于被判处死刑、无期徒刑的犯罪分子，应当剥夺政治权利终身。

（4）在死缓减为有期徒刑或者无期徒刑减为有期徒刑时，应当将附加剥夺政治权利的期限改为3年以上10年以下。剥夺政治权利的期限应当从减刑后的有期徒刑执行完毕之日或者假释之日起计算。犯罪分子在执行有期徒刑期间，当然也不享有政治权利。

5. 剥夺政治权利的执行

剥夺政治权利由公安机关执行。《刑法》第58条第2款规定，被剥夺政治权利的犯罪分子，在执行期间，应当遵守法律、行政法规和国务院公安部门有关监督管理的规定，服从监督；不得行使《刑法》第54条规定的各项权利。

（三）没收财产

没收财产是指没收犯罪分子个人所有财产的一部或者全部强制无偿收归国家所有的刑罚方法。"犯罪分子个人所有的财产"是指属于犯罪分子本人所有的财物及其在共同财产中应有的份额。没收财产可以分为全部没收和部分没收两种情形。

1. 没收财产的适用方式

根据刑法分则的规定，没收财产主要有如下适用方式：

（1）与罚金选择并处。与罚金选择并处是将没收财产与罚金作为选择性的两种附加刑附加于主刑，审判人员可以选择没收财产也可以选择罚金附加于主刑适用。如《刑法》第141条第1款规定："生产、销售假药的……致人死亡或者有其他特别严重情节的，处十年以上有期徒刑、无期徒刑或者死刑，并处罚金或者没收财产。"此时，罚金和没收财产只能选择一种，且必须选择一种与主刑并处。

（2）并处没收财产。并处没收财产是指没收财产必须附加主刑适用，审判人员没有取舍的余地。如《刑法》第151条规定："走私武器、弹药、核材料或者伪造的货币的，处七年以上有期徒刑，并处罚金或者没收财产；情节特别严重的，处无期徒刑，并处没收财产……"

2. 没收财产的范围

《刑法》第59条规定："没收财产是没收犯罪分子个人所有财产的一部或者全部。没收全部财产的，应当对犯罪分子个人及其扶养的家属保留必需的生活费用。在判处没收财产的时候，不得没收属于犯罪分子家属所有或者应有的财产。"该项规定表明：①没收财产的范围是犯罪分子个人所有或应有的财产，这样规定体现了刑法罪责自负的原则；②当决定没收个人全部财产时，应当为犯罪分子本人及其所扶养的人保留必需的生活费用，这是人道主义的体现，也是为了维护社会稳定的需要。

另外，根据《刑法》第60条的规定，没收财产以前犯罪分子所负的正当债务，需要以没收的财产偿还的，经债权人请求，应当偿还。"没收财产以前犯罪分子所负的正当债务"是指犯罪分子在判决前所负他人的合法债务。赌债之类的非法债务不在偿还之列。

3. 没收财产的执行

《刑事诉讼法》第272条规定："没收财产的判决，无论附加适用或者独立适用，都由人民法院执行；在必要的时候，可以会同公安机关执行。"根据相关司法解释，财产刑由第一审人民法院负责裁判执行的机构执行。被执行的财产在异地的，第一审人民法院可以委托财产所在地的同级人民法院代为执行。对没收财产的执行，人民法院应当立即执行。

4. 没收财产与其他刑罚的区别

（1）没收财产与罚金同属于财产刑，但二者之间有区别，具体如下：

第一，适用对象不同。没收财产主要适用于危害国家安全罪、破坏社会主义市场经济秩序罪、侵犯财产罪、妨害社会管理秩序罪、贪污贿赂罪中情节较重的犯罪；罚金刑适用于情节较轻的贪利型犯罪。

第二，内容不同。没收财产是剥夺犯罪分子个人现实所有的财产的一部分或者全部，既可以是没收现金，也可以是其他财物；罚金是剥夺犯罪分子一定数额的金钱,这些金钱不一定是现实所有的。

第三,执行方式不同。没收财产只能一次性没收,不存在分期执行和减免的问题;罚金可以分期缴纳,如果缴纳确有困难,可以减免。

(2)没收财产与追缴犯罪所得、没收违禁物品和供犯罪使用的物品的法律性质不同。《刑法》第64条规定:"犯罪分子违法所得的一切财物,应当予以追缴或者责令退赔;对被害人的合法财产,应当及时返还;违禁品和供犯罪所用的本人财物,应当予以没收……"判处没收财产的,应当执行刑事裁判生效时被执行人合法所有的财产。没收的是犯罪人合法所有且没有用于犯罪的财产。犯罪所得财物,是指犯罪分子违法所得的一切财物,本来这些财物就属于国家或者他人所有,理应予以追缴或者责令退赔;犯罪所涉及的违禁物品是国家法律禁止个人非法所有的物品,毒品、武器之类的都属于违禁品。

之所以要进行没收,是因为这些物品在实质上具有普遍危险性而被国家禁止个人非法持有,这是一种行政性强制措施。对被害人的合法财产不能没收,而应予以返还。如甲抢劫他人汽车被判处死刑并没收财产,汽车应该返还给被害人。供犯罪使用的本人财物是犯罪分子使用的犯罪工具,这些物品具有诉讼证据的作用,没收这些财物是刑事诉讼的需要。

(四)驱逐出境

驱逐出境是强制犯罪的外国人离开中国国(边)境的刑罚方法。《刑法》第35条规定:"对于犯罪的外国人,可以独立适用或者附加适用驱逐出境。"据此可知,驱逐出境具有附加刑的特点,但是该项刑罚只适用犯罪的外国人(包括具有外国国籍的人和无国籍的人),不具有普遍适用的性质,是一种特殊的附加刑。

对于犯罪的外国人不是一律适用驱除出境,而是根据其犯罪的性质、情节及犯罪分子本人的情况,结合国际关系和形势,决定是否驱逐出境。我国是一个独立主权的国家,外国人在我国境内犯罪,除了享有外交特权和豁免权的以外,都适用我国刑法。如果犯罪的外国人继续居留在我国境内有害于我国国家和人民的利益,人民法院可以对其单独适用或者附加适用驱除出境,以消除其在我国境内继续犯罪的可能性。独立适用驱除出境的,从判决确定之日起执行，附加适用驱逐出境的，从主刑执行完毕之日起执行。

作为刑罚的驱除出境与《出境入境管理法》第81条规定的驱除出境，虽然都是将外国人从我国境内强制驱除出去，但二者性质不同。作为刑罚的驱除出境适用于犯罪的外国人，而《出境入境管理法》中的驱除出境是一种行政处罚方法，针对的是违反该法规定，情节严重，尚不构成犯罪的情形。

综上可见，我国刑法规定的刑罚体系有主刑和附加刑两大类，共由九种刑罚方法构成。不同的刑罚方法适应了对不同犯罪进行惩罚的需要，司法机关只能根据犯罪实际情况，在刑法规定的刑罚体系范围内选择适用刑罚。在国外，不少国家刑法中除了设置刑罚之外，还设置了保安处分作为刑罚的补充。保安处分以特殊预防为目的，以再犯危险性为适用前提。各国的保安处分类型各不相同，一般来说，有针对少年犯的感化教育，对精神障碍犯的监护处分，对毒瘾或酒瘾的禁戒处分、对有犯罪习性的强制工作，对性犯罪的强制治疗，对假释或缓刑犯的保护管束等。这些举措对于预防再次犯罪具有积极的意义。我国刑法中没有规定保安处分，但是现实中也存在对于因未达刑事责任年龄不追究刑事责任的未成年人的专门矫治教育，对于精神障碍犯的强制医疗，对于吸毒人员的强制戒毒措施等。

第四节 非刑罚处理方法

我国对犯罪的处理不是单纯依靠刑罚，根据犯罪的情节和严重程度，刑法也规定了多种非刑罚处理方法作为刑罚制度的补充。

非刑罚处理方法是指人民法院对犯罪分子适用的刑罚以外的处理方法。非刑罚处理方法的特点是：对犯罪分子适用，但不具有刑罚性质。非刑罚处理方法有的是与刑罚同时适用，有的是独立适用。

一、判处赔偿经济损失与责令赔偿损失

根据《刑法》第36条和第37条的规定，由于犯罪行为而使被害人遭受经济损失的，对犯罪分子除依法给予刑事处罚外，并应根据情况判处赔偿经

济损失。对于犯罪情节轻微不需要判处刑罚的，可以免予刑事处罚，但是可以根据案件的不同情况，责令赔偿损失。

"由于犯罪行为而使被害人遭受经济损失的"，既包括由犯罪行为直接造成被害人物质损失，如毁坏财物、盗窃、诈骗等直接侵害财产的犯罪行为，也包括由于犯罪行为的侵害间接造成的被害人经济上的损失，如伤害行为，不仅使被害人身体健康受到损害，而且使被害人遭受支出医疗费用等经济损失。

"责令赔偿损失"，是指人民法院责令犯罪分子向被害人支付一定数额的金钱，以赔偿被害人的经济损失的处理方法。判决赔偿和责令赔偿都属于非刑罚处理方法，但是判处赔偿经济损失与刑罚一起适用；而责令赔偿经济损失则是针对依法免除刑罚处罚的犯罪分子，属于独立适用。

二、训诫、具结悔过、责令赔礼道歉、行政处罚或者行政处分

根据《刑法》第37条的规定，对于犯罪情节轻微不需要判处刑罚的，可以免予刑事处罚，但是可以根据案件的不同情况，予以训诫、具结悔过、责令赔礼道歉，或者由主管部门予以行政处罚或者行政处分。可见，这些非刑罚处罚方法适用的是因犯罪情节轻微被定罪免刑的犯罪人。

"训诫"，是指人民法院对犯罪分子当庭予以批评或者谴责，并责令其改正的一种教育方法。

"具结悔过"，是指人民法院责令犯罪分子以书面形式保证悔改，以后不再重新犯罪的一种教育方法。

"责令赔礼道歉"，是指人民法院责令犯罪分子公开向被害人当面承认错误，表示歉意的一种教育方法。

"由主管部门予以行政处罚或者行政处分"，是指人民法院根据案件的情况，向犯罪分子的主管部门提出对犯罪分子予以行政处罚或者行政处分的建议，由主管部门给予犯罪分子一定的行政处罚或者行政处分的一种非刑罚处理方法。行政处罚包括警告、罚款、没收违法所得、没收非法财物、责令停产停业、暂扣或者吊销许可证、吊销执照、行政拘留；行政处分包括警告、记过、记大过、降级、撤职、开除。

三、从业禁止

《刑法》第37条之一第1款规定:"因利用职业便利实施犯罪,或者实施违背职业要求的特定义务的犯罪被判处刑罚的,人民法院可以根据犯罪情况和预防再犯罪的需要,禁止其自刑罚执行完毕之日或者假释之日起从事相关职业,期限为三年至五年。"其第2款规定,被禁止从事相关职业的人违反人民法院依照前款规定作出的决定的,由公安机关依法给予处罚;情节严重的,依照《刑法》第313条的规定定罪处罚。从业禁止的主要目的在于预防犯罪分子再次利用职业便利进行犯罪。从业禁止包含如下内容:

(1)因利用职业便利实施犯罪,或者实施违背职业要求的特定义务的犯罪被判处刑罚。这是适用该制度的前提,一般是指违背一些行业、领域有关特定义务的要求,违背职业道德、职业伦理所实施的犯罪。如从事食品行业的人实施生产销售不符合安全标准的食品罪或生产、销售有毒、有害食品罪。从事工程建设施工、特种安全设备生产的人违背特定义务要求实施重大安全事故罪;从事化学品生产、销售、运输或者储存的人违反有关要求,实施有关污染环境罪或安全生产事故罪等。当然,利用职业便利实施犯罪和实施违背职业要求的特定义务的犯罪两者之间在范围上可能有相互覆盖、相互交叉的地方。

(2)法院可以根据犯罪情况和预防再犯罪的需要,决定是否适用从业禁止,这是适用该制度的关键。意思是说,不是所有因为职业犯罪而被判处刑罚的人都要适用从业禁止,而是需要根据犯罪情况和预防再犯罪的需要决定适用与否。根据相关司法解释,对于组织考试作弊犯罪、非法利用信息网络、帮助信息网络犯罪活动的犯罪,以及实施"套路贷"构成相关犯罪的犯罪分子,可以依法禁止其从事相关职业。

(3)禁止其自刑罚执行完毕之日或者假释之日起从事相关职业,期限为3年至5年,这是该制度的主要内容。从业禁止不是终身的,而是有期限的,具体期限由法院根据犯罪情况评估犯罪人的人身危险性后确定。

(4)违反从业禁止规定,必须承担一定的法律后果。被禁止从事相关职业的人违反人民法院作出的从业禁止决定的,由公安机关依法给予处罚;情节严重的,依照《刑法》第313条的规定拒不执行判决、裁定罪定罪处罚。

"情节严重"主要是指违反人民法院从业禁止决定，经有关方面劝告仍不改正的，因违反从业禁止决定受到行政处罚又违反的，或者违反从业禁止决定且在从业过程中又有违法行为等情形。

关于从业禁止的法律属性，刑法未作规定，理论界也尚无定论，主要存在"刑罚方法说""保安处分说""非刑罚处置措施说""预防性措施说""刑罚附带处分说"等。但是可以肯定的是，从业禁止不是一种刑罚，而是一种非刑罚处罚方法。从业禁止也不同于对管制犯和缓刑犯适用的"禁止令"。二者在适用条件、适用方法、适用对象、违反后果等方面都存在区别。

第四章　企业破产及其程序

在我国，企业的破产需要经过特定的程序才能完成，即破产程序。破产程序的启动是指人民法院在收到申请人的破产申请后予以审查，对于符合法定条件的破产申请予以受理，并由此开始破产程序的一种司法行为，而执行程序与破产程序恰当的衔接可以保障民事执行债权人和债务人的合法权益。本章讨论的内容包括破产的概念与特征、破产申请及案件的受理、破产程序的主体、破产程序的性质与作用。

第一节　破产的概念与特征

一、破产的概念理解

破产是商品经济社会发展到一定阶段必然出现的法律现象。"当企业资不抵债时，意味着企业对外债务不会得到足额清偿，债权人不能收回的债权属于法律分配给债权人承担的正常商业风险。"[1] 破产法是商品经济社会法律体系的重要组成部分。"破产"一词在中国早有使用，但在不同的语言环境下含义不同。在日常生活中，破产是指彻底的、不可挽回的失败，如某人的阴谋破产了，某某计划破产了，通常含有贬义。

（一）法律层面上对于破产概念的理解

《现代汉语词典》在"破产"一词的词义中解释道：破产比喻事情失败。在经济生活方面，破产通常是指当事人的经济活动发生严重亏损，财务上无

---

[1] 黎劲松，杜瑞勇. 浅析企业破产程序中普通债权的保护 [J]. 职工法律天地，2019（8）：126.

法继续维持下去，已经到了事业倒闭、倾家荡产的地步。但是，作为法律制度上的"破产"概念，在中国则至晚清时才产生。

在法律上，破产概念是有其特定含义的。法律上的破产，是指处理经济上破产时债务如何清偿的一种法律制度，即对丧失清偿能力的债务人，经法院审理与监督，强制清算其全部财产，公平清偿全体债权人的法律制度。

一般而言，破产概念专指破产清算制度，但对破产法律制度则有广、狭两义理解。学者通常对破产法律制度作广义理解，将破产清算以外的各种以避免债务人破产为主要目的的和解、重整法律制度也视为其组成部分，而不是仅将其狭义地理解为破产清算制度。

对破产的法律概念，各国学者的表述角度、方式等虽略有不同，但实质观点基本相同，立法规定亦无本质区别，表述上的差异主要是对破产在法律制度上作广义还是狭义的理解。

我国的《法学大辞典》对"破产"所下的定义是：破产是指债务人不能清偿到期债务或负债超过资产时，由法院强制执行其全部财产，公平清偿全体债权人，或者在法院主持下，由债务人与债权人会议达成和解协议，避免倒闭清算的法律制度。

日本的《新法学辞典》对"破产"的解释是：债务人陷于不能清偿其债务的场合，以对所有债权人将债务人的总财产公平清偿为目的的程序。

英国的《牛津法律大辞典》将"破产"定义为：政府通过其为此目的而任命的官员取得债务人的财产，从而将其变卖，并且通过优先请求及优先顺序把债务人的财产按一定比率分配给债权人的"一种程序"。

《元照英美法词典》将"破产"解释为：个人、合伙、公司或市政法人等无力偿还到期债务的状况。

破产清算是破产法中最基本的制度。破产概念通常是指破产清算制度，但在语言表述时常有所泛化，有时是指整个破产制度，有时是指破产之程序，有时则是指破产原因即破产界限，有时又泛指债务人被宣告破产的法律状态，须根据使用时的具体情况确定。

在用"破产"一词表述破产原因时，依据法律对破产原因规定的不同，又可分为事实上的破产和法律上的破产。事实上的破产，是指债务人因资产不抵负债，客观上不能清偿债务而破产，即没有足够的资产来清偿全部债务。立法上对其破产原因规定为资不抵债，即债务超过；法律上的破产是指债务人因不能清偿到期债务而破产，即对已到期的债务无法清偿，立法上对其破产原因规定为不能清偿（到期债务）。二者在认定债务人是否破产的标准上存在差异。在法律上的破产发生时，债务人的账面资产可能超过负债，也可能低于负债，但即使在其资产负债表上资产超过负债，也因无足够现金偿还到期债务，不得不以破产的方式还债。

（二）破产法律概念与经济概念的区别

在理解破产法律概念时，还应注意其与经济（或经济学）上的破产概念的区别。

（1）经济上破产的判断标准，主要是指经营者在经营上是盈利还是亏损，在长期严重亏损且无法扭转的情况下，企业无法维持经营与存在，便可认定为在经济上破产。尽管在现代市场经济中，企业的亏损往往与负债过多相关，但经济上的破产主要还是企业内部的经营问题，与企业外部的债务情况如何并没有绝对和固定的联系。

从理论上讲，经济上破产的企业可能存在对外债务，也可能不存在债务，可能还得起债，也可能还不起债。一家企业可能把自己的数千万元资本亏损到只剩下一分钱，仅在经济上破产，但只要对外没有负债，便不会出现法律上的破产。而法律上的破产一般是，不管经营上是否盈亏，只论债务人是否丧失清偿能力、能否偿还债务。

在我国的司法实践中，企业本身业务经营情况很好，但因错误承担担保责任而在法律上被宣告破产的案例并不鲜见。虽然在现代社会中，法律上的破产通常都伴随着经济上的破产，往往都是由经济上的破产而造成的，但两者的确认标准确有不同。经济上的破产有时并不一定会导致法律上的破产，反之，当事人在法律上进入破产程序时，偶尔在经济上仍可能存在可以挽救、避免破产清算的重生之机。

（2）经济上的破产只表明当事人存在的一种客观经济状况，并不能说明国家主观上对这种现象采取的解决办法。在计划经济体制下包括向市场经济转化的初期，对于企业亏损乃至企业丧失清偿能力、还不起债的问题，并不一定要采取破产的法律方式解决。我国过去曾长期采取"关、停、并、转"，政府给予财政补贴等行政方法处理企业经济上的破产，虽然这不符合商品经济的运行规律，但在当时确实可以在一定程度上缓解问题。

对于经济上的破产，无论人们承认与否，只要是在商品经济中便会客观存在。但法律上的破产，则是人们为解决这一经济现象通过主观立法而设立的法律制度，是以破产立法的存在为前提的。而且，即便在存在破产立法的情况下，也并非凡是经济上出现破产现象的债务人在法律上就自动地进入破产程序，仍要经当事人的主动申请，法院依法作出破产案件的受理裁定后，才得以进入破产程序。

二、破产的特征分析

(一) 破产具有执行程序的属性

从对债务的清偿角度看，破产具有执行程序的属性。破产是一种概括的执行程序，即为全体债权人的利益而对债务人的全部财产进行的执行程序。普通的民事执行程序则是为个别债权人的利益而进行的个别执行程序。两者虽有区别，但作为执行程序的基本性质是相同的。

执行程序属于司法程序，故破产必须在法院的管辖、支配之下进行，其他机构没有处理破产案件的权力。同时，作为一种执行程序，破产与普通执行程序一样，不具有解决当事人间实体民事争议的功能。虽然破产法对一些实体民事权利义务问题作有规定，但在破产程序中并没有设置解决当事人间实体民事争议、保护当事人诉讼权利的相应程序。对破产程序中当事人间发生的实体民事争议，各国破产立法通常均规定在破产程序之外通过诉讼程序解决。只有无争议的或已经通过法院或仲裁机关生效裁判确定名义的债权债务关系，才能在破产程序中得到执行。

(二) 破产是特定情况下的法律程序

从启动原因看，破产是在特定情况下适用的一种法律程序。债务人不能清偿债务是启动破产程序的原因。除法律有特别规定者外，在其他情况下不适用破产程序。另外，破产作为概括性的、为全体债权人利益而进行的执行程序，其立法目的与一般执行程序不同，具有对一般债务清偿程序的排他性，即排除为个别债权人利益而对债务人财产进行的其他执行程序，以保证对全体债权人清偿的公平；但是，设有物权担保和法定特别优先权的债权的执行程序除外。所以在破产程序开始之后，其他与之相冲突的对债务人财产的执行程序或清偿行为都应当停止，即破产案件受理之后，所有违背对全体破产债权人公平清偿原则的行为均不得进行。

出于保护全体债权人利益的同一目的，有些国家或地区的破产立法甚至还规定，如果法院在民事诉讼和民事执行过程中发现债务人不能清偿债务，可以依职权将案件转入破产程序。此外，根据民事责任的履行优先于行政责任和刑事责任中对财产的执行的原则，破产程序的启动还应当具有排除行政责任和刑事责任中对债务人财产的执行程序的效力。

(三) 清算债务人现存法律关系，消灭民事主体资格

破产是对债务人现存全部法律关系的彻底清算，在破产人为法人的情况下，还直接导致债务人民事主体资格消灭的法律后果。破产对企业债务人全部财产的清算，使企业丧失继续从事商事经营的经济基础与经营资格，并因终止经营导致对其全部法律关系的清算。这种清算由管理人在法院的主持下进行，而不是由当事人自行进行。

同时，伴随破产程序的启动，还产生一些对债务人或准债务人人身、资格和财产等公法与私法方面权利限制的后果。

(四) 破产是对社会整体利益的维护

破产程序的实施宗旨，是保证对债权人的公平清偿和对债务人正当权益的合理保护，并进而实现对社会整体利益的维护。破产法所要解决的主要矛盾，是多数债权人之间因债务人有限财产不足以清偿全部债权而发生的相互冲突和清偿问题。故而立法针对此情况下一些问题的处理作有特殊规定，设有专门的制度，如关于停止个别清偿、确定破产分配顺序、破产撤销权、破产抵销权、别除权等方面的法律规定。

此外，破产程序对债务人的正当权益也作有一些特殊的保护规定，如通过具有强制性的和解制度、重整制度与免责制度的设置，达到尽力挽救债务人、避免破产发生，以及免除诚实的自然人债务人通过破产程序未能清偿

的剩余债务的立法目的，以鼓励其在破产之后仍能积极参与社会经济活动，为社会和个人创造新的财富。

第二节　破产程序的主体

一、破产人

(一) 破产人的概念理解

市场经济是竞争经济，具有优胜劣汰的基本职能。任何市场主体在经营活动过程中，都负有很大的商业风险。如果出现丧失清偿能力、还不起债的情况，不仅要饱受多重诉讼，而且按照法律的规定，将永远负有清偿责任，在经济上可能再也翻不过身来。为了保障债权人的合法权益，并且给债务人一个东山再起的机会，破产法应运而生。

从债务人角度来说，破产程序是为其提供了免受多重诉讼，一体解决债务清偿，乃至最后豁免偿债的途径；同时，也为那些尚有挽救希望的企业提供了通过和解和重整再振事业的机会。因此，参加破产程序就成为企业在不能清偿债务的情况下的最佳选择。但是，债务人并不是破产程序的主体，也不是所有债务人都能够参加破产程序。

破产人，就是受破产宣告、处于破产程序中的债务人，也就是民事权利受到破产程序拘束的人。破产人作为破产债务人，是破产程序中的消极主体，也是要接受强制执行的消极主体。在破产法上，并不是所有负有债务的人都能成为破产人，按照各国和地区的法律规定，债务人要想转变为破产人必须具备实质要件和形式要件。从实质要件角度勘察，只有具备破产能力并且存在破产原因的债务人才有可能成为破产人；从形式要件来说，还要有人向法院提出申请启动破产程序，申请人符合法律规定，接受的法院有管辖权等。

(二) 破产人的法律地位

债务人一旦成为破产人，绝不仅仅是名称上的改变，而是意味着法律地位的改变，意味着私法上的权利和公法上的资格要受到一定程度的限制。破产人在法律上的地位变化主要表现为以下几个方面：

（1）破产财产属于破产管理人，失去了对破产财产的管理处分权。根据各国法律的规定，破产人的财产构成破产财产，交由破产管理人管理和处分，以防止破产债务人对其财产进行恶意处分而损害债权人的一般利益。所以，第三人对破产人的权利主张或诉讼，应向破产管理人进行，破产人也不得继续进行有关破产财产的法律行为。

破产人失去了对破产财产的管理和处分权，这种规定还追溯到破产宣告前一定时间内，债务人对自己财产及财产权利的处分，如果有符合法律规定属于有害于债权人的情形，这些行为将被撤销或无效。破产法中规定了破产程序前的无效行为和可撤销行为。当然，破产人还保有对自由财产的处分权。

（2）对破产宣告前未履行的合同失去了处分决定权。破产人丧失了对破产宣告前未履行合同的处分决定权，由破产管理人根据是否对大多数破产债权人有利的基本原则，来决定是否继续履行合同。

（3）在诉讼程序上的地位。破产人丧失了诉讼能力，自然也丧失了有关财产与事务的诉讼权利。其财产转为破产财产。破产人原来正在进行的诉讼行为停止，转由破产管理人接续处理。对其破产财产的强制执行也宣告停止，统一等待破产分配。

（4）破产自然人将受到身份上的一定限制。国外破产自然人所受到的身份上的限制主要有以下内容：

第一，说明义务和提供义务。破产人必须应法院或者破产管理人的要求，如实回答有关破产财产的询问，提交有关文件。若有隐瞒或虚假陈述的行为，依法予以制裁。

第二，行动自由限制。为保证清算程序的正常进行，法院有随时询问破产人的必要，以便查明破产财产、破产债权的有关情况。因此，破产人未经法院许可，不得离开住所地。

第三，传唤和拘禁。在破产程序进行中，法院得随时传唤破产人到庭陈述和回答询问。破产人经合法传唤拒不到庭的，法院可对其适用拘传，破产人有欺诈破产行为、逃逸行为、伪证行为和其他妨碍破产程序的违法行为的，法院可决定予以拘禁。

第四，通信自由限制。为追查破产财产或调查破产人欺诈破产行为，法院认为必要时，可以扣留、检查破产人的往来邮件。为此，法院可以命令邮局将破产人的邮件转寄给破产管理人。

第五，资格限制。破产人在一定期间内，不得担任公务员、律师、会计师、仲裁员、证券经纪人、公司董事或监事、合伙人等。

二、破产债权人

(一) 破产债权人的概念理解

享有破产债权并依照破产程序行使权利的请求权人，为破产债权人。破产债权人的法律特征主要包括：享有破产债权；参加破产程序。由此可见，无破产债权者固然不得成为破产债权人，享有破产债权但未通过债权申报而参加破产程序的请求权人，仍不得成为破产债权人。未成为破产债权人的请求权人，不得享有和行使破产债权人在破产程序中的有关权利。破产债权人的含义包括以下两个方面：

第一，实质性意义上的破产债权的主体。

第二，形式上通过提出破产债权而参加破产程序。

第一种意义的破产债权人如不能成为第二种含义的破产债权人，就不能行使破产程序上债权人的权利，但却必须接受权利行使的限制。第二种含义的债权人即使不是第一种含义上的破产债权人，如果他参加了破产程序，那么，直到他没有债权之事被发觉以前，他都将被当作破产债权人对待。

1. 私法上的请求权

债权人即使未申报债权仅仅丧失程序法上的权利，既不能在债权人会议上行使表决权和异议权，也不能依破产程序接受分配，债权人的实体权利并不因此而消灭，仍然可以享有私法上的请求权。

但是，从实际效果来看，债权人未申报债权时，在破产法上的实体权利只存在仅有理论及形式上的意义。因为，破产程序为特别法程序，其效力优于普通民事执行程序，在破产程序进行过程中，禁止程序外清偿与债权的行使，债权人于程序外接受的清偿不能对抗其他债权人。于破产程序终结后，债务人若被免责的，则当然免除继续清偿的义务，未申报的债权应在免责之列。

2. 破产程序中的请求权

（1）在破产程序中受到的约束。破产法作为公平地满足所有债权人债权的程序，自然禁止破产债权人个别行使权利。在破产程序中只能通过申报债权，经过调查确认之后从管理人手中接受分配。作为债权人来说，不依照分配，随时接受清偿，对管理人提起诉讼以及强制执行等方法，都是不被允许的。在破产程序中受到的约束主要表现包括：①只能按照破产程序行使权利；②禁止对破产人的财产进行个别性追究，禁止执行破产人的自由财产。

（2）在破产程序中享有的主要权利。破产债权人在破产程序中主要享有的权利包括：①出席债权人会议；②在债权人会议上发表意见和参加表决；③受领破产分配；④对债务人（破产人）、管理人实施的影响破产债权人利益的行为提出异议；⑤对债权人会议的决议提出异议。

（二）破产债权人的法律地位

1. 破产债权人相互之间的关系

（1）团体成员关系。虽然在理论上存在法院开始破产程序是否必须以债务人存在多数债权人为条件的争议，但是在实践中由于债务人不能清偿到期债务时债权人为一人的情况极少出现。所以对是否存在多数债权人的要件的争论就无多大实际意义。

一般认为，各个债权人都是以破产财产为义务主体，请求参加破产分配的债权人，因为破产法的立法宗旨是要实现公平地清偿每一个人的债权，因此各债权人在破产程序进行中有一致的基本的利益，具备共同的利害关系，所以这种共同关系自然需要债权人结成一个团体来主张自己的权利。破产程序把全体债权人作为一个整体来看待，其目的不在于满足个别债权人的清偿要求，而在于一揽子清理债务人和所有债权人之间的债权债务关系。因此，债权人不能逐个地参加破产程序行使权利。破产程序开始后，债权人必须组成一个团体参加法律程序。

（2）表现为顺位的关系和排他的关系。各个破产债权人在破产程序中虽然有共同的利益和共同的利害关系，但是由于各个债权产生的时间、原因及内容等都不同，因此，在破产债权人之间还表现为顺位的关系和排他的关系。所谓顺位的关系，即从各个债权的性质以及相互关系上考察，仍然存在着一定的顺序。优先于一般的破产债权而获得优先分配的优先性债权、一般的破产债权和后于一般的债权而得到分配的劣后破产债权。处于同一顺位的破产债权相互之间是平等的，其清偿原则是各依其数额按比例清偿。前一个顺位的债权排斥后一个顺位的债权。

2. 破产债权人与债务人的关系

(1) 破产债权人，依照破产程序对破产财产行使权利。由于被破产宣告，破产人失去了对自己财产和财产性权利进行管理处分的权利，破产债权人无法向破产人主张权利，只能依照破产程序向破产财产主张权利。在人民法院受理破产案件后，一切有关债务人财产的保全措施和其他执行措施，立即终止，已经开始而尚未终结的有关债务人财产和财产性权利的民事诉讼，也立即终止。在管理人接管债务人财产后，诉讼才能继续进行。当然，债务人或者财产持有人应当向管理人清偿债务或者交付财产。

(2) 对破产案件受理前一段时间内债务人的清偿债务的行为，管理人有撤销权。人民法院受理破产案件前一年内，债务人对原来没有财产担保的债务提供担保的，对未到期的债权提前清偿的，放弃债权的；在受理破产案件前6个月内，债务人已知不能清偿到期债务，仍对个别债权人进行清偿，损害其他债权人利益的，管理人有权请求人民法院予以撤销。

(3) 债权人可以行使抵销权。债权人在破产案件受理前对破产人负有债务的，可以在破产分配方案公告前向管理人主张抵销。

(4) 附期限的债权，在破产案件受理时视为到期。债权人对债务人享有的附期限的债权，在破产案件受理时还没到期的，在受理时视为到期，可以依法行使破产债权。

(5) 债务人和债权人可以和解。债务人和债权人可以进行和解，达成和解协议的，由人民法院裁定认可后公告生效；如果双方达成的和解协议违反法律的，人民法院应当裁定和解协议无效，并宣告债务人破产。

3. 破产债权人团体的代表机关

破产程序开始后，债权人必须组成一个团体参加法律程序。"债权人会议作为一个协调和谐成全体债权人共同意志的组织机构，对于破产程序的科学构筑和合理运行发挥着重要的作用。"[1] 在破产法中主要有三个组织或机构代表债权人团体的利益行使权利。

(1) 债权人会议。债权人会议代表了债权人的团体利益,是全体债权人的意思表示机构,通过对破产程序中重大事项的决定和对破产程序的监督,维护自身利益。

(2) 债权人委员会。债权人委员会是债权人会议的代表机关,在破产程序中代表债权人全体之利益监督破产程序的进行。

(3) 管理人。管理人是指依照破产法规定,在重整、和解和破产清算程序中负责债务人财产管理和其他事项的组织、机构和个人。

第三节 破产程序的性质与作用

一、破产程序的性质学说

(一) 诉讼事件学说

诉讼事件学说在德国为通说,主张破产属于诉讼事件,其理由如下:

(1) 破产程序与普通诉讼程序虽有不同,但最后的目的则毫无差异。

(2) 债权的申报,等于通常诉讼的提起。申报债权如无异议,其债权即为确定,记入债权人清册,与确定判决具有等同效力。

(3) 在普通的民事诉讼中,债权确定后债务人不为清偿时,就可以开始强制执行;在破产程序,破产财产的管理、变价、分配等,都可以成为强制执行的程序。

(4) 普通的执行,是为单个债权人扣押债务人的财产而为的个别执行;破产是扣押债务人的总财产而为全体债务人的利益所进行的总括执行,其有强制执行的性质。

诉讼事件学说认为在破产程序中,债权人提出破产申请,相当于民事诉讼中申请对债务人全部财产进行保全,破产宣告则相当于财产保全裁定,

---
[1] 董红,王有强.论完善我国的破产债权人会议制度 [J]. 理论界, 2005(7): 80-81.

债权人申报债权相当于提起或参加诉讼，破产债权的确认相当于确定权利义务的判决，多数债权人间的关系则与诉讼中的共同诉讼人类似，对债务人全部财产的执行也和对债务人财产的个别执行基本相同，只是在执行财产的范围与分配方式上有所区别。

因此，破产程序相当于民事诉讼中财产保全、判决和执行程序的结合。破产与民事诉讼在具体程序上或有区别，但目的都是为确认、保护当事人的民事权利并予以实现，所以应属诉讼程序。

(二) 非讼事件学说

(1) 在普通的民事诉讼中，没有债务人就自己的财产申请扣押的，但在破产程序中，债务人得为对自己破产宣告而申请。

(2) 在破产程序中，债权的申报与普通诉讼程序中请求法院确定私权的行为有较大差别，破产债权的申报与民事诉讼中的起诉、请求法院裁判性质不同，在破产程序中并不对当事人的实体权利义务作出裁判，只是加以实现。而且，在破产程序中设有破产管理人和债权人会议的专门机构，具有诉讼中不具备的债权人自治性质的内容。

(3) 破产人不仅丧失对财产的管理处分权，而且人身也受到限制，这在普通的诉讼程序中是不存在的。

(4) 破产的目的在于平等分配债务人的财产，与商事公司的清算程序类似，其本为行政作用的处置，既无民事诉讼的要件，也无强制执行的性质。

据此，主张破产是在法院主持、监督下由债权人团体与债务人共同进行的财产清算程序，而不是民事诉讼程序，故其性质应为非讼事件。非讼事件学说又分为两种观点：一种是清算说，认为破产程序是停止支付的债务人与债权人团体间进行的清算程序，性质与公司企业终止时的清算相同；另一种是行政行为说，认为破产法是以保障债权人公平清偿为目的的一种行政活动，如法院选任破产管理人、召集债权人会议等均系行政行为。

(三) 特殊程序说或特殊事件学说

(1) 破产程序的开始有债务人自行申请的，有法院依职权开始的，这种开始程序的方法与诉讼程序不合。其间涉及债务人的清算，有关当事人民事权益的实现等，与民事诉讼程序和非讼事件均有所不同。

（2）许多国家破产法规定，除本法另有特殊规定的，准用民事诉讼法的规定。之所以用"准用"而不直接适用，是因为破产事件不属于民事诉讼程序，而属于特别程序。

（3）在立法结构上，除少数国家将破产法置于民事诉讼法或商法典内，各国一般通过特别法全面规定破产程序的特有规范，所以，破产法在立法形式上表现为特别法。这就为破产程序作为特别程序奠定了基础。

破产程序既可以由债权人申请开始，也可由债务人自行申请开始，有的国家立法还规定在法定情况下可由法院依职权开始，其间涉及债务人的清算，有关当事人民事权益的实现等，与民事诉讼程序和非讼事件均有所不同，其性质应当是一种特殊的程序，即在法院主持下，对债务人全部财产的清算与执行程序。

破产法中既有程序性的规定，也有实体性的规定，因此引起了学者关于破产法究竟为实体法还是为程序法的争议，这正体现了现代商事法律制度的特点。

二、破产程序的重要作用

（一）公平保护债权人的利益

（1）所有债权在破产程序开始时，视为到期。按照民法的一般理论，债权尚未到期，债务人不负履行的义务，债权人无权请求。如果这一规则运用到破产法上，就会使债权未到期的债权人不能参加分配。而等其债权到期，债务人已无任何财产可以清偿。这样，对许多债权人极为不公。法律为避免这种情形的出现，规定在债务人被宣告破产时，其所有的债权视为到期，而以破产程序申报并接受分配。

（2）所有债权按顺序和比例接受分配。

首先，所有债权按顺序和比例接受分配，表现为破产法按照实体法或破产法的规定将所有债权区分顺序而为清偿。就债权人之间的公平而言，因债权人的权利在实体法上各种各样，有的期待能从债务人的一般财产中获得清偿，有的期待能从债务人的一般财产中获得优先清偿。这样就产生了对债务人的特定财产享有担保的特别先取的特权人、质权人、抵押权人，还有抵销权人。此外，在实体法上虽然没有作出特别的规定，就需要社会保护这一点上，还有区别于一般债权人的特别债权人。在破产程序中，必须从有限的清偿财源中决定对以上各种性质的债权人的清偿份额和顺序。原则上，对在实体法上具有同一性质的债权人平等对待，而对不同性质的债权人根据其差异来对待的做法是符合公平理念的。

其次，当破产财产对同一顺序的债权人不足清偿时，按比例清偿。各国破产法对此均有明确规定。

(二) 给予债务人重新开始的机会

传统破产以保护债权人而对破产人实行惩戒主义，破产程序的目的仅仅是使各债权人获得公平清偿，但债务人在破产后并不能获得免除债务的优惠。这样，就使得债务人没有申请破产的积极性和原动力，其结果即使出现了破产原因，债务人仍不申请破产，而使得财产继续减少，最终对债权人不利。现代破产法既体现了对债权人的保护，也体现了对债务人的保护，其最大的特点是对于符合法定条件的诚实的债务人进行免责，以使其摆脱债务，东山再起。

(三) 保护经济秩序良好运行

现代交易是一个相互联系的锁链，各交易主体均是这条锁链上的一环。一个主体破产，往往会影响其他主体，而引起连环破产。所以，对于不能清偿到期债务的债务人及时宣告破产，以防止其与更多的主体发生交易，切断其债务的膨胀，有利于保护经济秩序良性运行。

我国在清理"三角债"问题上的教训，足以从反面说明破产法这一作用。我国对企业之间的"三角债"曾采用行政措施进行清理，但收效甚微，可以说，最后以失败而告终。如果对这一问题采取破产法手段清理，对于不能清偿的债务人实行破产清算，相信"三角债"问题会得到根本的解决。当然，会有一些成本，一些企业因此关闭，会导致许多工人失业。但这种成本比这样不了了之而使更多的企业倒闭，更多的工人"下岗"要小得多。

破产法的种种特殊调整手段，足以证明其在市场经济法律体系中所具

第四章 企业破产及其程序

有的毋庸置疑、不可替代的重要作用。从对债的保障看，其他任何法律都不具有在债务人丧失清偿能力时，解决债权人之间矛盾，对全体债权人公平清偿，并维护债务人正当权益的作用，而只有破产法具有此项调整功能。破产法的普遍实施，将使我国过去司法实践中对债的法律保护（尤其是在债务人丧失清偿能力的情况下），往往只能到执行中止的状况彻底转变，终止债务拖延现象，防止"三角债"的形成，通过打破几个链环的方式解开束缚住大多数企业的债务锁链，使阻塞、混乱的商品交换等经济活动重新得以顺利、有序地进行。

现代社会具有连带互动作用，一企业陷于倒闭，若不及时宣告破产，遏阻其扩大损害，势必拖累与其有依赖关系之多数企业，形成骨牌般之连锁倒闭，招致失业等社会问题。从这种意义上讲，破产企业是社会的恶性经济肿瘤，具有相当大的传染力，必须割掉才能使其不再对市场经济造成危害，破产法便是"手术刀"。

市场经济国家企业破产率的高低可以说是该国经济发展的晴雨表。在经济发展上升时期，破产率就低；经济衰退时，破产率就会提高。破产率居高不下，经济衰退得越快，也越发难以复苏。因此，破产法是企业经营失败退出市场时的一道关口，法律必然要在关口设置一些措施，淘汰失去竞争优势的企业，挽救有复苏希望的企业，从而避免淘汰率过高造成的社会经济的失衡以及社会资源的浪费。在现代破产立法理念的指导下，破产法基本构成是设计出多种可供当事人选择的程序，既有用于丧失债务人主体资格的破产程序，也有用于拯救债务人破产的预防程序，当事人可以根据自己的情况进行选择。当然，适用何种程序，债权人的意志和利益仅仅构成判断的一方面因素，是解散债务人企业还是留存债务人企业要结合其他因素综合考虑。这样，现代破产法使债权人在传统破产法中的优越地位受到了限制，债务人以及社会公共利益越来越成为破产法侧重保护的目标。

破产清算越来越成为特定情况下加以使用的特别措施，对个人债务人康复和公司重整等破产预防目标已经为各国破产法的广泛接纳，债务的清偿已不再是破产法立法和司法的唯一主题。这就预示着破产法已经进入了一个全新的时代——破产预防时代。

第五章　刑事与企业破产的交叉问题分析

在我国，民事诉讼与刑事诉讼两大诉讼程序都有查封措施，相关法律、司法解释尚不完善，破产程序中的刑民交叉问题亦成为近年来破产案件中的疑点问题。基于此，本章探讨破产程序中刑事追赃优先的非必然性、破产案件中刑民交叉问题、企业破产与刑事追缴退赔交叉问题。

第一节　破产程序中刑事追赃优先的非必然性

在破产程序与刑事程序相交叉的情形中，到底是"先刑后民"，还是"民刑并行"乃至"先民后刑"，已经逐渐成为一个见仁见智而无统一标准的问题。

研讨这一问题源于某公司破产重整案与刑事犯罪相纠葛之难点的出现：A公司以其对B公司的应收账款作为质押担保，向C银行申请贷款。在签订了《借款合同》《质押担保合同》并办理应收账款质押登记后，C银行放款给A公司。A公司在获得贷款的当月，将证明应收账款的销售发票填制作废。在C银行核查应收账款真实性过程中，A公司相关人员伪造B公司公章，并委派工作人员前往B公司，借用B公司的办公室充当B公司的工作人员，供C银行核保。后A公司破产，C银行申报担保债权，因质押登记的应收账款不具有真实性而未被确认为担保债权。A公司及相关人员的行为涉嫌构成骗取贷款罪。

由于实务界对于相关问题的处理观念不一，理论与规范对于处理本案也没有提供一种一蹴而就的解决办法，导致争议颇大。处理该问题的立场不明确，势必导致刑事程序中的查封、扣押、冻结，乃至宣判后对被害人经济损失的认定、对单位判处的罚金与没收,都会与破产程序中破产管理人全面接手责任财产、组织债权申报、审查、分配等产生方方面面的冲突。

因此,以下基于对本案进行评价之需要,对民刑交叉的理论与实务问题进行反思,以期望对案件的处理形成有针对性的宣示。

一、理论依托与实践检视

(一)"同一事实,先刑后民"的原则性共识——理论依托

1.《九民纪要》的立场

刑民交叉案件的一个基本规则是:刑事案件与民事案件涉及"同一事实"的,原则上应通过刑事诉讼方式解决。实践中,主要问题在于如何认定"同一事实"。鉴于民事诉讼与刑事诉讼具有不同的职能与程序,分开审理是基本原则,因此要从行为主体、相对人以及行为本身三个方面认定是否属于"同一事实"。例如,涉嫌集资诈骗、非法吸收公众存款等涉众型经济犯罪,即属于"同一事实",在"同一事实"中,如果不能贯彻"先刑后民"的原则,而由人民法院通过单个地审理民商事案件的方式化解矛盾,则效果肯定不好。

因此,对于处在侦查、起诉、审理阶段的涉众型经济犯罪案件,当事人就同一事实向人民法院提起民事诉讼的,人民法院应当裁定不予受理,并将有关材料移送侦查机关、检察机关或者正在审理该刑事案件的人民法院。对正在审理的民商事案件,发现有经济犯罪线索的,应当及时将犯罪线索和有关材料移送侦查机关。在侦查机关作出立案决定前,人民法院应当中止审理;在作出立案决定后,应当裁定驳回起诉;侦查机关未及时立案的,必要时可以将案件报请党委政法委请求协调处理。这一观点随后被《全国法院民商事审判工作会议纪要》(以下简称《九民纪要》)固定下来。

《九民纪要》指出,对于"分别受理、分别审理原则"的把握,应注意两点:一是民刑交叉发生在同一当事人之间;二是因不同法律事实存在民事法律关系与刑事法律关系。此外,如果民刑案件中当事人并不统一,只是法律关系有牵连,则民刑案件应当分别受理与审理。可以理解,所谓"同一事实",要满足当事人统一与同一法律事实两个要求,否则就是"不同事实",

应分别受理与审理，只有"同一事实"才应贯彻"先刑后民"的观念。

"先刑后民"的适用应满足责任主体与行为主体一致、同一法律事实和刑事程序不以民事程序为前提三个条件。这里虽然将主体一致从（法律）事实一致中区分出来，但是与《九民纪要》的观念并无区别。考察刑事程序是否以民事程序为前提，虽然一定程度上是对"同一事实，先刑后民"的修正，但是从整体上看，如果说"先刑后民"是让民事程序为刑事程序"让路"，那么刑事程序以民事程序为前提时，就是让民事程序为刑事程序"开路"，因为民事实体的结论将决定刑事上犯罪构成的判断。

总之，上述情况都是令民事程序更好地服务于刑事程序的运行，在这一点上两种情形具有价值的一致性。

2.《九民纪要》的先进性

与"同一事实"相关的概念虽然曾经存在不同的文本表述，但"同一事实，先刑后民"的观念却始终存在强大的历史惯性，且这种历史惯性并不因概念的不同而受到影响。如1998年《最高人民法院关于在审理经济纠纷案件中涉及经济犯罪嫌疑若干问题的规定》，虽然没有使用"同一事实"的概念，但在第一条中使用"同一法律事实"的概念，在第十条中使用"同一法律关系"的概念，但大体上因循的思路依然是：不是同一法律事实时，经济纠纷与经济犯罪才能分开审理；不是同一法律关系的，在犯罪线索移送后，经济纠纷案件继续审理；若是同一法律关系，则完全交由公安机关与检察机关优先处理。

因此，"同一事实，先刑后民；不同事实，刑民并行"的观念早已有之，且潜移默化地对司法运行产生了持续性影响。这种观念散落于各个专项的司法解释中，因此《九民纪要》虽未在这一问题上作出突破性的改变，但也属于将原本相对观念化乃至属于法律原则的问题，确定为具有普适性的具体适用规范。

此外，《九民纪要》对这一规范的确立，吸收了早先实践中的有益探索，且相较于早先实践经验而言，又从解释技术层面提升了刑民交叉问题处理的可操作性。例如，2013年浙江省高级人民法院民事审判第二庭曾在《关于在审理企业破产案件中处理涉集资类犯罪刑民交叉若干问题的讨论纪要》中指出，企业破产案件被受理后，发现企业控股股东、实际控制人、法定代表

第五章　刑事与企业破产的交叉问题分析

人、其他企业高管（以下简称"企业股东及高管"）涉嫌犯罪的，可以将涉嫌犯罪的材料移交侦查机关，并根据《中华人民共和国企业破产法》（以下简称《企业破产法》）第12条规定驳回企业破产申请。如存在以下情况，法院可以在驳回破产申请后重新审查对债务人企业的企业破产申请：

（1）犯罪行为经过侦查，公安机关撤销案件、公诉机关决定不予起诉或法院宣告被告人无罪的。

（2）负责涉嫌犯罪行为侦查、检察和审判机关认为刑事诉讼程序对法院审理企业破产案件不构成实质性影响，且刑事涉案财产与债务人企业的其他财产可以区分的。

（3）对涉嫌犯罪行为查处的刑事诉讼程序终结，债务人企业的相关财产未作为赃款赃物依法追缴的，或者债务人企业控制或名下的相关财产可以在企业破产程序中变价、分配的。

这意味着，在并不区分民商事案件事实与刑事事实是否有关联的情况下，只要看到有涉嫌犯罪的任何事实，法院即有权力驳回破产申请，而只有当刑事程序优先判断、厘清、选取刑事中所需要的事实后，破产程序才有可能再次启动。但是，《九民纪要》则在"同一事实"的问题上作出了技术性的说明，这将导致破产程序的启动不必受制于刑事的先行认定，而是对于破产程序的积极开启在技术指引上提供了自主判断的依据，在观念上即由原先"非民事先行必要必移送"转变为"非刑事先行必要不移送"，这就是《九民纪要》的先进性所在。

（二）"同一事实，先刑后民"的不可避免性——实践检视

1. 同一事实"的观测视角

所谓刑民交叉问题，从司法实践来看，刑民交叉案件的具体表现可以划分为以下三大类：

第一，因不同法律事实分别涉及刑事法律关系和民事法律关系，但法律事实之间具有一定的牵连关系而造成的刑民交叉案件。

第二，因同一法律事实涉及的法律关系，一时难以确定是刑事法律关系还是民事法律关系而造成的刑民交叉案件。

第三，因同一法律事实同时侵犯了刑事法律关系和民事法律关系，从

而构成刑民案件交叉,即法规竞合。

就银行债权人即被害人这一"同一事实"而言,应当属于刑民交叉问题的第三类,即法规竞合。一个刑民交叉案件中,刑民交叉的具体表现并不是单一的,而是可能同时存在,第一类刑民交叉问题还可能嵌套了第三类刑民交叉问题。进而,"同一事实,先刑后民;不同事实,刑民并行"的观念乃至原则,在实践适用中并不形成择一路径,而要两条路径同时推进,但路径重叠时同时推进又不能实现,而是必须作出非此即彼的选择。

换言之,在路径重叠时,必须选择到底是先刑后民还是刑民并行,这与是否是"同一事实"无关,因为"同一事实"的判断与评价是基于不同观测视角而形成的,既可以说是同一事实,也可以说不是同一事实,所以一旦将"先刑后民"与"同一事实"挂钩,将"刑民并行"与"不同事实"挂钩,那么看到"同一事实"的观测者与看到"不同事实"的观测者都会自动带入"先刑后民"或"刑民并行"的主观倾向,于是各执一词,平等对抗,无法反驳。这就是第一类刑民交叉问题的疑难之处,这一疑难问题并不因为区分"同一事实"还是"不同事实"而被彻底解决。因此,"同一事实"与"不同事实"的概念并不是择一关系,而是可以基于不同视角并行不悖地解读出来。

从文义解释角度出发,"不同事实,刑民并行"并不应当属于刑民交叉问题中的类型,因为这里所谓的"不同事实"应当是互为中立关系的事实,既然是中立关系,便谈不上"交叉"的问题。《九民纪要》第130条指出,如果民商事案件不是必须以相关刑事案件的审理结果为依据的,则民商事案件应当继续审理。既然民事问题与刑事问题各自为政,并无交集,故这种情形并不是真正的刑民交叉问题。而法规竞合即刑事与民事整体重合的,当然属于极端的交叉。该重合现象特指因涉刑导致申请破产不被受理,或受理后发现涉刑而裁定驳回起诉的情形,常见于非法集资类案件中,于是"同一事实,先刑后民"的适用自然不存在过多争议。

但问题是,大部分案件所谓的刑民交叉并非整体中立或整体重合,而是一部分中立,另一部分交叉(重合于一点),如不论破产程序的启动出现于刑事案件的前或后,如果除涉案事实外的事实仍然符合进入破产程序的条件,就属于中立关系,可以按照"不同事实,刑民并行"的规则来处理,本案中与银行债权人无关的破产程序的进行与刑事程序的进行即如此;但毕竟存在银行债权人（被害人）这一交叉重合点，进而在该点上又陷入"同一事实，先刑后民"的窠臼。有中立有交叉，故而"不同事实，刑民并行"的路径不能贯彻始终，目前的规范也不能对这种现象提供明确的操作指南。

所以，虽然"同一事实，先刑后民；不同事实，刑民并行"与原本"先刑后民"极端化思维相比，具有相当程度的先进性，但是在真正的刑民交叉问题中，尤其是参照本案加以检视，就会发现对"同一事实"与"不同事实"的认定并非一成不变，不同的理解者往往基于形式逻辑作出倾向性的解释偏好。但总体看来，贯彻"刑民并行"的路径难度相对较大，因为即使极力主张这是"不同事实"所以应当"刑民并行"，也抵不过对立观念的反驳，因为在票据诈骗罪中银行债权人既是债权人又是被害人，确实可以被视为"同一事实"，也正是因为这一交叉点不可回避，才导致"先刑后民"的路径始终会缠绕于整体程序的运行过程中。

"同一事实，先刑后民；不同事实，刑民并行"的原则对于刑民交叉问题的处理远非"一锤定音"。

2."同一事实，先刑后民"的形式逻辑

不论是遵循"同一事实，先刑后民"的路径，还是遵循"不同事实，刑民并行"的路径，实际上都无法回避一个现象，那就是"同一事实，先刑后民"与"不同事实，刑民并行"两条路径之间，在银行债权人即被害人这一事实的交叉点上存在矛盾；而且只要"同一事实，先刑后民"的路径存在，"不同事实，刑民并行"的路径就无法彻底贯通。

探讨路径选择这个问题时，应注意一个基本假设，那就是之所以启动"先刑后民"，是因为刑事被害人可能由此获得优先受偿顺位。按照《最高人民法院关于刑事裁判涉财产部分执行的若干规定》第13条规定，被执行人在执行中同时承担刑事责任、民事责任，其财产不足以支付的，按照下列顺序执行：

（1）人身损害赔偿中的医疗费用。

（2）退赔被害人的损失。

（3）其他民事债务。

（4）罚金。

（5）没收财产。

债权人对执行标的依法享有优先受偿权，其主张优先受偿的，人民法院应当在前款第（1）项规定的医疗费用受偿后，予以支持。再如，《最高人民法院、最高人民检察院、公安部关于办理非法集资刑事案件若干问题的意见》第 9 条规定，退赔集资参与人的损失一般优先于其他民事债务以及罚金、没收财产的执行。赃款赃物本就不属于债务企业的财产，所以，该条中有优先受偿权的债权人的优先权限于被执行财产，即刑事追赃优于破产程序中其他所有的债权。虽然在破产程序的语境下对该问题并没有针对性的规定，但如果实践中按照相关精神进行处理，则被害人至少可以优先于其他债权人。如果没有这一假设，一旦将被害人作为一般债权人处理，则"先刑后民"的方案就失去了必要性，因为银行债权人既是债权人又是被害人，即使存在同一事实，也不妨碍破产程序中直接为其确认债权进而使其按一般债权人受偿，这与刑事程序无关。所以，基于上述的基本假设，才可以认为，在"同一事实"下，银行债权人的顺位问题由刑事程序所决定，那么对于银行债权人的债权就不能予以提前确认。

虽然"不同事实，刑民并行"的路径可被观测，破产程序无须等待刑事程序，除银行债权人（被害人）外，其他债权人的债权均可以被确认，破产程序继续进行。但是，破产程序还是会受到干扰，无法一直"并行"下去。因为如果破产程序终结而刑事程序仍未终结，那么破产程序对责任财产的处分则直接影响银行债权人（被害人）的利益，也会影响刑事程序追赃的开展；或者，如果刑事程序能够在破产程序终结前终结，此时确认了银行债权人（被害人）的债权（损失），则其他债权人的预期利益可能受到影响。甚至在极端情况下，破产程序终结时，由于破产企业的财产被以追赃的形式追缴并优先发还被害人，则其他债权人无法依次受偿，最终只能导致法院"空判"。可见，"先刑后民"与"刑民并行"虽然主要是程序的探讨，但是程序的设计在特定语境下决定了实体规定是否沦为"空头支票"。

总而言之，不论选择了哪条路径，在由银行债权人即被害人引发同一事实进而形成先刑后民的交叉点上，对于整体分配的其他事实是一定会产生影响的。在这一交叉点上，银行债权人的利益与其他债权人的利益互为对立面，如果认定同一事实进而采用先刑后民，那么其他债权人利益受损；如果认定不同事实进而采用刑民并行，则银行债权人利益受损，只要陷于择一路径中，这种矛盾就无法消解。尤其是，如果在同一事实这个交叉点上选择了先刑后民，那么破产程序还是要迁就于刑事程序，不先确定银行债权人是不是被害人，就无法最终确定所有债权人的受偿顺位及实际受偿数额，由此看来，虽然破产程序不会由于刑事程序的交叉而被完全搁置，但从最终效果上看，毕竟要等待刑事程序先行终结，因此还是先刑后民的思维在起着主导作用。

二、"刑民并行"实际效果的肯定

（一）唯实际效果论的破局意识

"破产程序与刑事诉讼程序的适用顺位应当突破固化思维，只有在刑事法律关系的处理对破产程序的进行构成实质性影响时才能中止破产程序的进行"。[1] 如果承认"先刑后民"在本案中能够发挥更具优势的实际效果，那么我们完全可以在上述"同一事实，先刑后民；不同事实，刑民并行"的形式逻辑框架内服从逻辑安排，但至多是修正形式逻辑的语言表述。例如，如果认为优先保护刑事被害人的实际效果好，那么破产程序当然可以等待刑事程序终结，以确定是否存在优于一般债权人顺位的被害人，而且可以为此设计普适性的具体规则，在实体上直接承认刑事被害人优先的受偿顺位。

同时也进一步明确，即使对于刑民并行程序存在影响，处于刑民交叉点的同一事实也要遵循先刑后民的规则，以此在实体与程序上将这一规则加以确立，就算是对"同一事实，先刑后民；不同事实，刑民并行"原则的填补。但问题是，优先保护被害人的规则，到底是由于实际效果好，还是单纯由形式逻辑推导而来的且不问实际效果，这是不得不审视的问题。形式逻辑的形成与提炼未必是最优解的自然流露，而或许是源于历史的、偶然性的原因，因此必须以实际效果为导向，去审视形式逻辑的存废与否、修正与否。

所以，在本案这样的问题中，就不能完全依靠"同一事实"与否的认定来选择到底是"先刑后民"还是"刑民并行"，这种形式逻辑的功能性已经无力对本案的破局作出全方位回应，因此必须介入实质考量以对"先刑后民"还是"刑民并行"作出非此即彼的选择。"先刑后民"与"刑民并行"的选择在必要时必须与"同一事实"与否的判断相脱钩，或者说"同一事实，先刑

---

[1] 李慧慧. 破产案件中刑民交叉问题研究 [J]. 荆楚学刊, 2021, 22(2): 64-70.

后民"即使可以作为一般原则,也必须引入更宏大的视角来对这样的一般原则作出限制性例外的规定。

虽然在同一事实中,可以遵循"先刑后民"的原则,但是在破产程序中,由于破产债权的申报、确认和清偿规则能充分保障刑事法律关系和民事法律关系中受害人的权利,因此,"先刑后民"并无适用的空间和必要。破产程序下"先刑后民"的直接目的是通过查封、扣押、冻结等强制措施长期占有破产财产,这将导致可用于分配的破产财产的减少,也就损害了其他权利人合法权益的实现。

按照这一思考,以下将不再以"同一事实"的认定与否作为破解本案的逻辑前提,而是以实际效果为导向推敲"先刑后民"与"刑民并行"的必要性。所以,本着就事论事的态度,在本案中,面对银行债权人即被害人这一交叉点的出现,到底应当等待刑事程序终结进而在破产程序中确认银行债权人作为被害人的优先受偿顺位,或者以配合刑事追赃的方式实质地确认这一优先受偿顺位(先刑后民),还是不必等待刑事程序终结而将银行债权人直接确认为一般债权,进而不必为刑事追赃留有余地(刑民并行),就成为接下来探讨内容的核心。

(二)"刑民并行"的实际效果分析

关于破产程序与刑事程序交叉的问题,实务界已经越来越认识到"刑民并行"的重要性了,因此"刑民并行"的观念已经逐渐被采纳并形成一套话语体系,被用来描述刑民交叉问题的解决方案。但是,应当注意的是,有些所谓的"刑民并行"观念实质上还夹带着"先刑后民"残存的适用效果,因而不能称之为真正的"刑民并行"。

例如,有实务观点认为,从程序上看,当刑事案件中的被害人只是一部分的破产企业债权人,则意味着涉案的赃款赃物与破产财产有部分交叉,为了保证公平和效率,刑事程序和破产程序可以并行,但是,在破产程序中管理人应将刑事被害人相应的份额预留出来,这样既保证了其他债权人利益的实现,也解除了刑事被害人因没有参与破产债权申报而导致丧失获偿权的后患。从实体上看,如果涉案赃款赃物(或被销赃后的转化物)能够特定化,则可以从破产财产中剥离出来,否则被害人只能和其他债权人一样通过债权申报的形式得到救济。

事实上，不论刑事程序是否终结，破产程序都能在制度上保证被害人以债权人身份得到权利救济，在破产企业涉嫌刑事犯罪的情况下，民事破产程序中的管理人可以暂缓确认刑事相关债权，并将该部分债权对应的相关资产提存，在保证刑事被害人利益的前提下同步推进破产程序；在破产进程中，即使涉及刑事案件，在不是相同事实互为结果的情况下，破产进程就不应被轻易打断，而应以"刑民并行"为原则，"先刑后民"为例外。

上述方案依然是"先刑后民"观念的残留。虽然在程序上，其主张将破产程序与刑事程序一并进行，但是这种"刑民并行"依然是以减损破产企业责任财产为代价的。这与"先刑后民"类型相比，有过之而无不及。在这种方案的构造下，如果提前将被害人的份额预留出来，则不用等到刑事下判就确定了银行债权人是刑事程序中的被害人，进而享有优先顺位，这与等到刑事下判最终确定被害人身份再进行债权顺位的最终确认，从实体效果上看是没有区别的，只不过一旦银行债权人没有成为被害人（无罪处理），如果破产程序已经终结，则还要面临责任财产的再次分配。

而一旦赋予刑事被害人在破产程序中普遍的优先受偿地位，甚至能享有比民事上有效物权担保债权更优先的受偿顺位，则"先刑后民"方案所要保障的实体规则不需要借助"先刑后民"的程序规则也能实现。换言之，在实体上赋予刑事被害人以优先保护，与程序上坚持"先刑后民"，在价值上具有天然的勾连性。因此说这种方案所谓"刑民并行"的程序设计如果没有实体上统一受偿的观念作为依托，则与本书所理解的"刑民并行"并不相同。

"刑民并行"应当是不论刑事程序何时开启与终结，都不会影响破产程序按照自身进度独立推进，且不因刑事判决结果而导致破产程序中工作的反复。这就要求实体制度对此予以配合，即将被害人受偿顺位与一般债权人等同，实现统一受偿。

(三)"刑民并行"实际效果的优越性

1. "刑民并行"合法性与合理性的检视

在采取"先刑观念"的思维模式处理刑民交叉疑难案件的过程中，"先刑观念"必须要接受证伪方法的检验。简单来说，我们需要反思：①"先刑观念"是否能够经得起前置法合法性的检验；②反向思考优先保护刑事被害人利益的意义何在，其意义是否大于将刑事被害人作为一般债权人统一受偿的意义。如果答案是肯定的，那么"先刑后民"的制度方案就有其合理性；如果答案是否定的，那么就应当贯彻"刑民并行"的制度方案；如果前置法的合法性与合理性可以被肯定，那么处于规范保护目的延长线上的刑事规范，必须对此表示容忍。

（1）从合法性上看，就实体而言，刑法本身侧重的是通过剥夺财产的方式来惩罚行为人。赔偿被害人虽然是刑罚功能的体现，但并不是刑法关注的主要矛盾，而民商法本身才更侧重财产关系的调整，因此从处理问题的专业性上看，显然后者会提供更精密的制度设计。所以，将银行债权人确认为缺乏担保的一般债权人，无疑是前置法合法性的体现，而前置法没有被害人概念，更没有被害人债权优先的观念，因此并不应当以刑事理由来破坏前置法的合法性，应将"被害人"的损失认定为一种个别的民事债权，而不能将其认定为一种具有公共性的其他权利。

破产程序的一个最大特点就是公平和概括偿债，在这个程序中通过债权申报、审查、确认和破产财产的归集，以及破产财产的变价和分配可以最大限度地对所有债权人的债权作出公平的清偿。诚然，之所以认为"同一事实，先刑后民"，是因为在同一事实中，被害人与债权人的范围基本统一，而刑事程序有利于以强有力的手段实现财产的收缴，在这个意义上"先刑后民"是有价值的，但是就收缴之后的退赔工作而言，怎么退赔，并不是刑法擅长解决的问题。

从利益正当性角度出发，退赔优先不具备正当性，刑事标准不应适用于破产程序。当然，在涉及人身侵权债权的问题上，不排除刑事被害人享有优先受偿顺位的可能，因为该类债权与单纯是财产纠纷中的债权相比往往具有紧迫性，因此将其优先于一般优先权与普通债权具有社会合理性，尤其是与人权保护直接相关的项目，甚至应当优先于物权担保债权。虽然在相关情形中，人身侵权债权人同时可能作为刑事被害人出现，但是其通过刑事程序实现优先受偿却未必是基于刑事程序的首肯，而是因为人身权在前置法中固有的优先性。

而在本案这种纯粹财产纠纷的问题上，被害人显然没有优先性可言，

第五章　刑事与企业破产的交叉问题分析

因此不能以刑事程序介入为理由另行生成优先保护的效果。从程序上看，破产程序是公平偿债程序，是对所有债权人的债权实现实施公平保护的特殊法律程序，是对债务人现存全部法律关系的彻底清算，这又与一般民事程序存在显著不同。因此，如果说破产程序是对实体权利合法性的全方位保障，那么破产程序也不应当受到刑事程序的干扰，否则就是对程序合法的冲击。

由于破产程序是特殊程序，在债权人（含被害人）债权审查认定问题上，应当优先适用破产程序，与其他未被列为被害人的债权人享有同等待遇，既不劣后，也不优先，实质上是依据法律规范，基于公平合理原则，对被害人经济损失进行一定幅度的调整，这在法理上说得通，也符合逻辑。

刑事追赃与刑罚在修复社会关系问题上，应当服务于更广阔的格局，尤其是刑罚的本质，是对实施了犯罪行为人的报应（惩罚），因此，财产刑的本质内涵为以剥夺财产体现惩罚，当然可以寄托于破产处置加以实现。否则，若刑罚先于破产程序执行，则惩罚的不仅是犯罪人，还惩罚了因责任财产减损而导致利益受损的诸多债权人。

《最高人民法院关于依法审理和执行被风险处置证券公司相关案件的通知》第5条规定，证券公司进入破产程序后，人民法院作出的刑事附带民事赔偿或涉及追缴赃款赃物的判决应当中止执行，由相关权利人在破产程序中以申报债权等方式行使权利；刑事判决中罚金、没收财产等处罚，应当在破产程序债权人获得全额清偿后的剩余财产中执行。该条是相关立场频繁引用的规定，它为破产程序优先的合法性提供了积极的确认，进而为实体权利的实现保驾护航。当然，该条甚至走向了"先民后刑"，不过如果破产程序中就已发现没有剩余财产以资刑罚，那么在涉案财产问题上，刑事程序也可以无须等待破产程序的终结才能启动，故而总体上符合"刑民并行"的构造。

（2）从合理性上看，如果对被害人财产的保护过度倾斜，则确实不利于整体上社会关系的修复，破产法在修复整体社会关系问题上的规范目的也不能实现。如在诈骗案件中，被告人用后债偿还前债，或是案发后部分被害人抢先获取有限的被告人财产时，其他被害人的权利便不可避免地受到侵害，由此极易诱发恶性催债、暴力讨债等无序状态的出现。因此，学界近年来有观点指出，将赃款、赃物的分配纳入破产程序的适用范畴，具体如下：

第一，可以借助破产程序实现集体正义与公平清偿的作用。

第二，可以充分发挥破产管理人处置资产的专业能力，避免刑事程序中的侦查机关处理其并不擅长的资产处置事宜。

第三，在统一的程序中进行债务人企业资产的处理，可以更有效地实现民刑交叉破产案件中，破产债权人与犯罪受害人权利救济的利益平衡。

将刑事涉案财产执行统一纳入破产程序，能够缓解不同程序带来的公平失衡、效率低下与债权人利益保障难的相关问题，即能最大限度地扩充债务人的资产；减少财产处置环节重复操作，提高变现效率；保障同类债权公平受偿、被害人及利害关系人合法利益保护更为完善。当然，既然触及刑事程序中强制措施与财产刑的问题，破产程序则需要建构新型沟通协作模式，即应当由破产程序与刑事程序共同建立破产工作统一协调机制，确保财产处分的有序进行，以防止在责任竞合状态下发生责任财产的减损抑或刑罚过早介入等问题。

2. 违法所得财产是否可以作为责任财产

如果责任财产以"合法"为限，则违法所得的财产也会成为责任财产，这就会导致以牺牲刑事被害人利益为代价，来填补其他债权的"窟窿"。然而所谓"合法"，并不是一个明确的概念，取而代之的是对"合法"的把握，只能反向借助赃款赃物是否被"特定化"来加以判断。以非法吸收公众存款罪为例，钱作为种类物，与公司合法财产高度混同，无法被特定化。由于后期企业资产被用于各类经营与投资活动，涉及企业的合法财产与赃款作为整体用以购买土地进行开发而获利的情形，不仅很难区分哪些是合法财产、哪些是赃款，也难以区分企业购买土地的款项属于何种性质，难以将其特定化或剥离出来。

"合法财产"的概念总是存在一定的弹性。在民商事领域，公司由于缺乏财产处分上的独立意志，而将责任财产效果溯及关联公司乃至实际控制人。但问题是，刑事违法中应当追缴退赔的财产正是对应了破产程序中的责任财产，因此对于责任财产而言，"合法"的定语概念并不纯粹；而且，如果恪守企业"合法财产"的概念，将关联公司与个人财产合并处置后，必然使得个人财产不问来源地填充到企业"合法财产"之中，对于企业而言显然不是其典型意义的"合法财产"。所以，所谓的只有"合法财产"才能作为责任财产固然不能说是错误的，但"合法财产"的外延并非一成不变地被固化为"合法生产经营而来的财产",而往往也包含了经过资产混同的,原本看上去不那么纯粹的合法财产。

事实上,责任财产"合法"的概念往往会被淡化,甚至被"特定化"的概念加以替代。涉案赃款、赃物如果能够在刑事程序中实现特定化时,基于破产法的取回权制度理应将其分离于破产财产之外,被害人可以行使取回权,从破产管理人处取回该部分的财产;反之,如果无法将赃款、赃物特定化,由于其不属于企业的财产,也应当从破产财产中分离,借鉴破产财产分配制度,按照特定的受偿比例,在全体受害人之间实现集体公平清偿。在这种情况下,受害人应当通过类似破产债权人申报债权的程序向破产管理人申报其受损金额。

从中止破产程序的角度来看,在破产程序中,无论是破产企业涉刑,还是股东、实际控制人、董监高、员工涉刑,判断是否应当中止破产程序的标准在于刑事涉案财产与破产财产是否高度混同;如果仅是一部分财产与刑事涉案的财产混同,则不能中止破产程序。如果混同的财产导致"民刑并行",那么该财产就理所应当地只能处分于破产程序之中了。因此,在本案情形下,"违法所得财产能否作为责任财产"这一问题的答案便不言自明了。

"同一事实,先刑后民"作为刑民交叉问题中一项深入人心的原则,其大体上能够满足司法需求,因此不能被全盘否定。但是也应当认识到,什么是"同一事实"可能会因为观测角度不同而形成不同的结论,这种结论往往囿于形式逻辑,而对解决问题并不能提供终局性的答案,而且即使肯定"同一事实"的结论,"先刑后民"也未必是最优的选择。

第二节 破产案件中刑民交叉问题

一、先刑后民与刑民并行的冲突

(一)法律规范的冲突模糊

"民商事案件审理中的刑民交叉问题,本身是一个在理论界和实务界存在较大争议的问题。而在破产审判中如何处理刑民交叉问题则是一个全新的疑难点。"[①] 破产程序属于特殊的民事程序，专门规范企业破产案件的《企业破产法》及相关司法解释中对破产程序与刑事案件审理程序衔接问题并未进行规定。我国现有涉及刑民交叉问题的规范多见于司法解释和相关会议纪要。

由于缺乏专门的法律法规进行指导，一方面，法官在审理刑民交叉案件时只能援引零散的司法解释进行处理，此外，司法解释中规定的同一案件事实、同一法律事实等类似的词汇表述十分模糊，法官难以辨别，容易导致同案不同判的情况出现，难以保障司法裁判的公正。另一方面，重刑轻民传统理念导致的立法偏向已经慢慢发生转变，从之前绝对的"先刑后民"转变为现在的"刑民同步，必要中止"。

但需明确的是《最高人民法院、最高人民检察院、公安部关于办理非法集资刑事案件适用法律若干问题的意见》（以下简称《意见》）和《最高人民法院关于审理民间借贷案件适用法律若干问题的规定》（以下简称《民间借贷司法解释》）规范的是刑事程序与民事程序，尤其是将民事程序限定于民事诉讼和执行程序，破产程序能否适用该条规定仍值得商榷。《九民纪要》规范的虽为民商事与刑事程序，但其裁定中止案件审理的依据仍为《民事诉讼法》。

破产程序与民事诉讼程序和执行程序虽然存在相似之处，但破产程序有《企业破产法》及相关司法解释予以规范，具有一般民事程序所不具有的特点。因此，对于上述规定确立的处理刑民交叉案件的规则，在审理破产程序中的刑民交叉问题时，可以基于破产法的基本原理进行参照适用。

(二) 学者观点的理论争鸣

破产程序与民事诉讼程序如何衔接，主要有以下观点：

第一，以企业涉案财产与破产财产是否无法区分为标准，若两者无法区分，则刑事案件的审判必然会对破产程序的进行造成实质性影响，此时应当中止破产程序。该观点否定了破产法公平和效率的价值理念。当破产财产与涉案财产高度混同时，破产程序需要中止，此时破产程序的进行依赖于刑

[①] 伍群山. 企业破产程序中的刑民交叉问题 [J]. 老区建设, 2020(14): 50-56.

事案件的审理，但某些复杂的经济犯罪结案需要数月甚至长达数年，破产债权人的债权变现时间成本高，合法权益遭到损害。当两者无法区分时，为了保障破产程序的进行，法院可以在征询债权人会议讨论意见、主要债权人或者相关部门的意见后，裁定将两种财产合并处置。因此，两种财产是否高度混同并非为中止破产程序的绝对理由。

第二，主要依据《九民纪要》第130条的规定，认为只有在刑事案件会对破产程序造成实质性的影响时才应当依照"先刑后民"原则进行处理。该条是关于民事诉讼案件的规定，不能当然地适用于破产程序，但该观点为破解破产案件中刑民交叉案件打开了新的思路。

(三) 突破固化思维刑民协同推进

无论是区分破产财产与涉案财产是否高度混同来判断是否需要中止破产程序，抑或《九民纪要》中"刑民同行、必要中止"的模式，判断刑事程序是否需要中止，其标准在于刑事法律关系是否对破产程序的进行有实质性影响。若造成了实质性影响，则需中止破产程序的进行。涉及"实质性影响"的判断，应当区分破产程序中出现的不同犯罪类型来判断是否需要中止破产程序。

企业在破产程序中可能面对的刑事风险可以概括为破产欺诈类、非法融资类和生产经营类三大刑事风险。破产欺诈类案件多见于虚假破产罪；非法融资类的犯罪则多见于非法吸收公众存款罪、集资诈骗罪等案件；生产经营类的刑事风险则多见于重大责任事故类以及企业在经营过程中发生的故意或过失类犯罪。

1. 破产欺诈类

因破产欺诈类犯罪导致的刑民交叉案件，按照现行相关规定的精神，应当采取"先刑后民"的处理模式。破产欺诈类犯罪事关企业是否破产这一事实的认定，往往与"假破产，真逃债"的司法实践密切相关。犯罪嫌疑人的动机往往是借非法侵占企业财产、违规分红、虚假交易等手段非法转移企业财产，以逃避债务责任。且此类犯罪涉案金额巨大，仅从立案标准看，一般涉案金额在50万元以上的案件才予以立案。若犯罪嫌疑人转移的财产被追回，则企业的资金规模将得到扩大，企业破产的事实有可能被消灭。即使追回的财产并不能消灭企业的破产事实，但破产债权人也可按比例获得更多的财产。

2. 非法融资类

与破产欺诈类犯罪相比，非法融资类犯罪并不会对破产企业产生增加财产的效果，相反，此类案件的侦破在一定程度上对于破产债权人来说可谓"有害无益"。此类案件涉案人数较多，涉案金额较大。清理债权债务纠纷，维护社会秩序稳定是其重点和难点。因此，处理此类案件应当借鉴已有案例的经验，采取刑民协同推进的处理模式。

3. 生产经营类

企业涉嫌生产经营类犯罪如发生重大责任事故，则可能会因"资不抵债"而陷入破产，但依据我国刑法的规定，此类案件一般只对企业的直接责任人进行处罚，破产程序的进行不会对刑事案件的裁判产生障碍，因此在此类案件中可以两种程序同时推进。

二、涉刑债权审核难点辨析

刑民交叉类破产案件债权审核的重点和难点在于非法集资类破产案件中债权的确认。其中涉罪合同效力认定、债权人的债权金额是否应当依照刑事判决所确定的从本金中扣除债权人已经获取的利息的剩余金额、司法机关对于企业的罚款以及企业因迟延履行合同所产生的罚金是否可以纳入破产债权的申报范围内都是值得探讨的问题。

（一）涉刑合同效力认定

不同的部门法相互交叉时，应当维护统一法秩序的原则，不能作出相互矛盾、冲突的解释。涉嫌非法集资犯罪的案件中，合同效力认定应当遵循法律秩序的统一性原理，区分两个部门法的价值及效力的不同予以处理，刑事犯罪行为虽与民事法律关系存有一定关联，但该犯罪行为并不必然导致民事合同无效，应结合《中华人民共和国民法典》（以下简称《民法典》）及相关司法解释的规定，对破产企业所涉嫌的不同犯罪种类予以区分，并对涉罪合同进行类型化分析。

1. 诈骗类犯罪中合同效力的认定

一方面，为通谋虚伪表示的排除适用。《民法典》第146条"通谋虚伪表示"与第154条规定的内容上面存在交叉，两者的相同点在于当事人之间的意思表示存在"通谋性"。即双方当事人通过订立民事合同这一合法的"外衣"，掩盖另一个隐匿目的，而被掩盖的目的恰恰是违法的。所以，在判定此类涉罪合同的效力问题上，一般认为，因该行为涉及当事人的意思表示一致，具有行为的双方性，应当否定合同的效力，但如果该非法目的只是当事人一方欺骗的行为时，此时不应否定一方当事人以虚构事实欺骗另一方当事人出借自己的财产，双方并不存在串通的故意，这只能表明合同存在瑕疵，属于民事法律行为中单方欺诈的情形。《民法典》第148条规定了受相对人欺诈情形下实施民事法律行为效力的规定，在诈骗类犯罪的案件中，每个人是对自己利益的最佳判断者。尽管合同的订立过程中存在欺诈的因素，但是受欺诈人可能出于维护与欺诈人长期合作关系的需要，宁愿承担一定的风险，而不愿否定合同的效力。因此，此类合同的效力属于可撤销的范畴。

另一方面，为违反公序良俗的排除适用。违反公序良俗的行为成为涉罪合同效力的判定依据，主要是对合同内容本身的属性进行判断，以法律明令禁止的物品为合同标的物的，合同绝对无效。如侵害财产法益的涉刑事犯罪合同主要包括以假药、劣药、假币、文物等违禁品为合同标的物的情形，涉及的具体罪名如走私文物罪、生产销售伪劣产品罪等；侵害人身法益的涉罪合同主要是以人身体器官、婴幼儿等为合同标的物的情形，涉及的具体罪名如组织出售人体器官罪、非法组织卖血罪等。违背公序良俗的涉罪合同主要集中在侵害财产法益与侵害人身法益这两种类型中，主要是合同内容属违禁品。而在集资诈骗类犯罪中，不存在违反公序良俗导致合同无效的情形。

2. 违反市场准入类合同效力的认定

涉嫌违反市场准入类犯罪如非法吸收公众存款罪的合同效力认定主要集中在《民法典》第153条违反强制性规定的评价适用上。

一方面，就各国（地区）对于违反强制性规定的合同效力评价的立场变化来看，各国（地区）均已不再坚持违反强制性规定的法律行为绝对无效的立场，而是授权法官自由裁量，结合具体个案进行综合考量和权衡，区分两种强制性规定在实现立法目的上的不同功能，对法律行为的效力作出更加公正的认定。

另一方面，考察我国立法的变化，我国法律也强调应明确不同强制性规定对合同效力的不同影响，但是对两者如何区分仍未作规定。《民法典》第153条的规定赋予了法官自由裁量权，法官有义务实质审查法律规定的目的，综合评定该强制性规定是否可以否定民事合同的效力。在司法实务中，如何区分两种强制性规定存在困境，已有的观点如：规范重心说、规范性质说、区分规范目的说、履行阶段说等观点均具有局限性。本书认为采用区分两种不同法律强制性规范的"三分法"来进行确定。

基于"三分法"的标准进行分析，对于违反市场准入类犯罪如非法吸收公众存款罪对合同效力的影响，司法实务一般不应当否定此类合同的效力。首先，《刑法》第176条是关于该罪的规定，从目的解释方面进行解读，该条文是禁止性规范，该条并没有直接规定若构成该罪，则将导致合同无效；其次，从法条设置的目的来看，刑法所惩罚的是违反市场经济管理法规，破坏社会主义经济秩序，危害市场经济的行为，财产权这一客体并未被包含在内。

行为人所实施的每一起吸收存款的行为，在民事法律关系层面，其性质仍属民间借贷法律关系，属于正常的债关系，并不构成犯罪。该行为并未危害国家利益和社会公共利益，属于管理性规范。因此，合同应当认定有效。

(二)"扣息返本"的排除适用

在确定债务金额的数量上是否需要将已支付的利息从本金中扣除，也存在着刑民交叉的问题。

第一种观点认为，管理人应当按照刑事判决书中所认定的金额进行确认，即将债权人已经获得的利息从本金中扣除，以剩余的金额来申报债权。此观点的依据为《意见》第5条之规定，以吸收的资金向集资参与人支付的利息、分红等可折抵本金，此即刑事案件中对于非法集资受害人进行偿付时适用的"扣息返本"规则。

第二种观点认为，应依照普通民间借贷案件中对于债权数额认定的算法，最终的数额为借款本金加借款期限内符合法律规定的利息，再扣除债权人已经从债务人处获得的红利。

第三种观点认为，应区分集资参与人的不同行为决定是否追缴所得利息：若集资参与人以其自有资金出借给企业，则不属于非法放贷行为，而属于正常的民间借贷，则应当根据《民间借贷司法解释》的规定对债权数额予以确定；若集资参与人以从他人处取得的资金出借给企业，经查明属于职业放贷行为，应当对其所得利息予以追缴回。

以上三种观点对于涉刑债权数额的确定有很大区别。第一种观点存在不妥之处。非法集资类犯罪债权的确认不能完全以刑事判决确认的结果为准，若完全抛开民事法律的规定，仅以公权力的强制性思维进行干预，则会导致与民间借贷案件中债权所确认的数额产生较大差距，滋生集资参与人不满情绪。同样，第三种观点仍值得商榷。该观点通过区分非法集资资金的来源渠道来确认是否追缴利息，债权数额的确认依赖于刑事案件的侦破，破产程序的进程遥遥无期。

综上，目前对于涉罪合同效力的认定以《民法典》及相关司法解释为依据，在合同有效的场合，依照刑事判决书的裁判结果来确定债权的数额，有违逻辑。但鉴于司法实践中存在的"职业贷"行为，破产管理人在确认债权数额时，应当征询法院、政府相关部门的意见，按照民间借贷的规定对受害人的借款利率进行合理的调整，同时按照《企业破产法》的规定，将破产申请受理前债权人应获得的利息同借款本金一起确认为破产债权，以协调破产债权人和刑事受害人双方的利益相冲突。

(三) 滞纳金和迟延履行利息纳入破产债权的合理性分析

依据《最高人民法院关于适用〈中华人民共和国企业破产法〉若干问题的规定（三）》（以下简称《破产法司法解释三》）第3条的规定，破产申请被人民法院受理后，滞纳金和迟延履行的利息不能作为破产债权申报。此处的"破产申请受理后"应当如何理解，破产申请受理前，迟延履行的债务利息是否可以作为破产债权申报，理论界存在较大的争议。

持肯定说的学者认为，"破产申请受理后"属于时间界限，该条的正确解读为人民法院受理破产申请后所产生的滞纳金以及迟延履行的债务利息不属于破产债权，而在此之前所产生的应当属于破产债权。

否定说认为，"破产申请受理后"属于一个特别事件，该事件一旦形成，滞纳金及迟延履行的利息就属于"除斥债权"，不属于破产债权。一是迟延履行的利息具有惩罚性，一定程度上属于债权人额外获利的成分。在破产企业资不抵债的现状下，迟延履行属于客观履行不能而非主观不欲履行，在此情况下将迟延履行利息纳入破产债权有失公允。二是一部分债权人持有经法院或者仲裁机构裁判后生效的法律文书，可以获得迟延履行期间利息，另一部分债权人未持有生效文书不能获得利息，对于后者显失公平，有违破产法平等受偿的立法精神。

无论是肯定说还是否定说，都应当明确的是滞纳金和迟延履行期间债务利息，均是司法机关或行政机关，对于不按时履行金钱给付义务的债务人施以新的金钱给付义务，具有明显的惩罚性和强制性。在此基础上，应当将其纳入破产债权中的劣后债权予以清偿，理由如下：

首先，立法的目的在于守法之履行，滞纳金和迟延履行期间债务利息通过立法予以明确，是债权人享有的合法权利，生效法律文书既然对迟延履行的利息进行确定，破产程序就不能随意进行否定，否则将减轻债务人的债务责任，对债权人不公平。

其次，债权人为维护其合法权益通过提起诉讼的方式要求债务人履行金钱给付的义务，为此投入了时间和金钱。若未经诉讼的债权数额与经过诉讼的债权数额适用同一的计算标准，实则是对债权平等受偿的破坏。

最后，2018年，《全国法院破产审判工作会议纪要》（以下简称《破产会议纪要》）规定，破产财产在清偿后有剩余的应当清偿惩罚性债权。若公权力的罚款都可以列入破产债权的范围，那么将债权人经过生效文书确认的私法债权排除在外，有失公允。

因此，基于滞纳金、迟延履行利息的惩罚性特征以及我国破产清偿效果的局限性两方面的考量，应当将迟延履行期间产生的利息列入破产债权中的劣后债权，让步于普通破产债权受偿，利率的确定应当结合借款利率的确定，征询法院、政府相关部门的意见，按照民间借贷的规定对利率进行合理的调整，以实现实质意义的公平，保障全体债权人的公平受偿。

三、刑事受害人权益的保护路径

当企业的破产程序开始后，刑事受害人如何得到救济，可以区分以下两种情况：

第一，当赃款赃物可以被特定化时，受害人可基于财产所有权人的身份从管理人处取回财产。

第二，若赃款赃物没有被特定化，不能同企业破产财产区分开来时，则刑事受害人只能同其他破产债权人一样，通过向管理人申报债权的方式获得救济。这样的处理模式已有司法解释可以参照。《最高人民法院关于依法审理和执行被风险处置证券公司相关案件的通知》（以下简称《通知》）第5点规定，证券公司在破产程序中，涉及刑民交叉问题时，不区分刑事受害人，所有债权人都需通过债权申报程序获得救济。上述《通知》虽然适用范围仅限于证券公司的破产程序，但是该处理模式对于企业破产程序中，刑民交叉问题的处理具有借鉴意义。

根据司法解释的规定，无法行使取回权的债务人需要依据财产毁损、灭失发生在破产申请受理的先后，采取不同的债权救济模式。具体而言，财产毁损灭失发生在破产申请受理前，无法取回的转化为普通破产债权；发生在破产申请受理后，无法取回的转化为共益债权。

（一）受害人行使取回权的权利实现规则

涉案的赃款赃物实质上为刑事被害人的财产，却为破产管理人所占有，这符合《企业破产法》中取回权制度所表述的"债务人占有却不属于债务人的财产"。因此，若涉案的赃款赃物能与破产财产区分开，则刑事被害人可基于其财产所有权人的身份从管理人处取回财产。

受害人在行使财产取回权时需注意以下四点：

第一，在非法集资类案件中涉案资金流向复杂，且基于货币的"占有即所有"的属性，受害人向管理人要求取回货币，一般情况下是不予确认的。

第二，赃款赃物的特定化，应当由明确的证据证明确为受害人所有，需排除第三人的善意取得。

第三，当赃款赃物被销赃时，即被用于投资置业，或与企业的其他合法财产一同被用于投资置业，若有证据能够证明赃款赃物的清晰流向，且有特定的对价物时，受害人才可以行使代偿取回权向管理人取回财产。

第四，需要严格区分种类物与特定物，特定物可以直接取回，种类物则需严格审核流转途径，只有在证据充分的情况下才可行使取回权。

(二) 受害人作为普通破产债权人的权利实现规则

1. 刑事追缴退赔在破产清偿中的立法

刑事追缴退赔在破产清偿中如何得到妥善的处置，两者受偿的顺位问题如何处理存在争议，寻求解决路径应当先从法律规范中找寻，但遗憾的是由于没有直接的法律条文予以规范，因此也导致了法院和破产管理人在面对此类问题时左右为难。

第一，从破产法上寻求解决依据行不通。《企业破产法》规定企业在宣告破产后不能进行个别清偿，所有债权必须在进行债权申报后进行公平受偿，由此便形成了各种形式的债权及不同的清偿顺位。具体来说，不同债权人的清偿顺位为别除权、职工债权、税收债权和普通债权。由此可见，其并未对由刑事追缴退赔而形成的债权在破产清偿中居于何种顺位进行规定。《破产会议纪要》规定人身损害赔偿的债权优先于财产性债权受偿、私法债权优先于公法债权予以受偿，但刑事追缴退赔形成的债权属于何种性质的债权仍未明确规定。

第二，从刑事法律规范寻求解决依据也行不通。《刑法》第64条和《刑事诉讼法》仅作了原则性的规定，指导意义不大。《最高人民法院关于刑事裁判涉财产部分执行的若干规定》(以下简称《财产执行规定》)第13条规定，被害人损失的清偿顺位优先于民事债务。尽管规定十分详细，但是却与《企业破产法》的规定相冲突，增加了司法适用的难题。

2. 构建存在区别的刑事优先清偿模式

刑事受害人的地位不同于一般的民事债权人，因为他们所遭受的不法侵害最为严重，该侵害行为已超过了民事法律规范所能调整的程度，对刑事受害人的救济是国家行使公权力的体现，也影响着社会的稳定和国家司法的权威，这都体现着保护刑事受害人的紧迫性和重要性。因此，刑事追缴退赔债权的清偿顺位应优先于普通破产债权人债权的清偿顺位。但将刑事追缴退赔的债权纳入现行的破产清偿顺位中，必须慎重，只要将其和现有的各种破产债权进行分析，才能确定合理的顺位。

首先，该债权不得优先于别除权。别除权之所以居于优先受偿的地位，是因为其本质上属于物权。而物权优先于债权是民法的基本原则，也是别除权在清偿顺位具有优先性的体现,若将刑事追缴退赔的债权居于比别除权更加优先的地位,则是对物权优先效力的彻底颠覆。

其次,对职工债权的倾斜性保护是维护劳动者生存的需要,职工债权的优先性也不应当被排挤。

最后,税收债权也应让步于刑事追缴退赔所产生的债权后清偿。从世界各国(地区)对破产清偿顺位的规定来看,均有淡化税收债权优先受偿的趋势。且刑事追缴退赔形成的债权本质上属于一种私法债权,税收债权属于公法债权。《破产会议纪要》第28条规定的私法债权应当优先于公法债权也体现出税收债权应当让步于刑事追缴退赔债权。

综上,刑事追缴退赔而形成的债权优先于税收债权的顺位,但应当让步于别除权和职工债权。

(三)受害人作为共益债权人的权利实现规则

《破产法》第43条规定,共益债务由债务人的财产随时清偿,随时清偿即含有优先清偿效力之意。而担保债权作为设定于特定财产上的权利,《破产法》第109条同样赋予担保债权人优先受偿的地位。但随着担保制度的完善,一个企业破产时,通常大多数的财产上负有担保债权。由此便会产生一个问题,即若债务人的财产已经全部设定抵押,此时是否能以担保财产清偿共益债务。

一方面,基于《最高人民法院关于适用〈中华人民共和国企业破产法〉若干问题的规定(二)》(以下简称《破产法司法解释二》)第3条的规定,担保财产也属于债务人的财产,担保财产当然可以用于清偿共益债务。

另一方面,《破产法司法解释二》第3条规定,有担保的财产在担保消灭或实现之前,不能用于清偿共益债务。同时依据《破产法司法解释三》第2条规定,管理人或自行管理的债务人为债务人继续营业的借款属于共益债务,优先于普通破产债权清偿,但不得优先于担保物权的清偿。由此可见,现行立法倾向于该观点,强调对于担保债权的保护。

我国破产法虽然也确立了相应的条款对其进行限制,但仅限于重整程序与和解程序,清算程序中采取的依旧是别除权优先原则。我国破产程序已经赋予了担保债权极高的清偿地位,若再认可其豁免破产费用和共益债务,则有过度保护之嫌。因此在无担保财产不能清偿破产费用和共益债务时，应由担保财产予以变价清偿。

破产程序与刑事程序的交叉带来的程序冲突与实体冲突，在我国目前的立法中并不能找到明确的解决答案，仅存在于不同的司法解释及其他规范性文件中。这些规范虽然对刑民交叉问题有规范协调的一面，但也存在相冲突的部分。因此，应当对刑民交叉问题进行系统性研究，颁布具有先进性、与我国法秩序统一性相符的司法解释，并以此为指导进行具体的制度设计，以推动破产程序的有效进行。

第三节 企业破产与刑事追缴退赔交叉问题

因社会生活日益复杂，民法与刑法的关系经历从一体到分离再融合的变迁，民刑交叉是指民刑事案件由同一或相互交叉事实引发，交织在一起相互牵连的现象。经济犯罪、有组织犯罪、财产犯罪等均会发生此现象。此类案件涉及数个法律部门，不同属性的法律责任聚合，实体与程序问题交织。顺位即利益，当责任人财产不足以承担全部责任时，清偿顺序和办理程序成为影响权利人权利能否实现、实现程度、何时实现的关键。

企业破产与刑事追缴、退赔交叉问题即为一例。依《最高人民法院关于刑事裁判涉财产部分执行的若干规定》第13条规定，刑事被执行人在执行中同时承担刑事、民事责任，其财产不足以全部支付的，按照"人身损害赔偿中的医疗费用→优先受偿权→退赔被害人的损失→其他民事债务→罚金→没收财产"顺位执行。

《最高人民法院、最高人民检察院、公安部关于办理非法集资刑事案件若干问题的意见》第9条再次强调，退赔集资参与人损失优先于其他民事债务。这符合《刑法》第36条、第60条、第64条和《民法典》第187条等规定，在犯罪分子为自然人或财产充足企业的民刑交叉案件中并无问题。但《企业破产法》第113条规定破产财产清偿顺序为"破产费用和共益债务→职工债权→社保、税款→普通破产债权"，破产财产不足时同一顺序内部按比例分配。在被害人众多且不特定"涉众型经济犯罪"中，企业同时因经营问题负有其他民事债务，资不抵债进入破产程序，被害人与债权人利益存在某种紧张和矛盾，需要探讨解决路径。

鉴于刑法分则规定的犯罪构成客观方面形态各异，以下以为企业牟利的集资类和非法放贷类刑事案件为探讨对象，必要时兼论其余，不涉及《刑法》第162条妨害清算罪、第162条之二虚假破产罪、第159条虚假出资、抽逃出资罪等以减少企业财产为危害行为的犯罪。《刑法》第160条欺诈发行股票、债券罪，第174条第1款擅自设立金融机构罪，第176条非法吸收公众存款罪，第179条擅自发行股票、公司、企业债券罪，第192条集资诈骗罪和第224条组织、领导传销活动罪，均属为企业牟利的犯罪。

一、"先追缴后破产"和"追缴并入破产"路径分析

(一) 先追缴后破产

先追缴后破产的路径依循"先刑后民"传统，尽管涉罪部分民间借贷合同依《最高人民法院关于审理民间借贷案件适用法律若干问题的规定》第13条不当然无效（因单个借贷行为并不构成犯罪，只有达到一定量后才成立犯罪），但被害人损失应在刑事诉讼中通过追缴违法所得、退赔得到返还，在案财物不足时按比例发还，不足部分继续追缴、返还。

被害人损失范围，依《最高人民法院关于审理非法集资刑事案件具体应用法律若干问题的解释》限于"直接经济损失"，即未偿还的本金（被害人合法财产）而不包括利息，法院在刑事判决中判决返还相当于本金的数额，已归还的予以扣除，已支付利息折抵本金。同时，刑事司法机关依《刑事诉讼法》所为的查封、扣押、冻结等措施，不因涉罪企业进入破产而解除；法院只能不受理或驳回破产申请，先解决刑事追缴、退赔和返还被害人合法财产问题，再就剩余财产依《企业破产法》处理。这有利于公安、检察、审判机关参与查控财产行动，且不存在一些学者批判"先刑后民"时所言"张扬公权压抑私权"问题，因刑事追缴、退赔中返还被害人的部分和破产分配均是通过司法程序把本该归于个人的利益归于个人，仅是彼此之别、方法之别、依据之别，不存在国家与民争利、国权挤压民权。但这种做法亦有需要解答的问题。

(1)此做法基于的"先刑后民"理念能否作为处理民刑交叉问题的原则值得商榷,"位序上的优先"和"位阶上的优先"均不具有原则地位。

位序上的优先,即"程序上刑事法律关系的确定应优先于民事法律关系",范围有限。虽然《最高人民法院关于在审理经济纠纷案件中涉及经济犯罪嫌疑若干问题的规定》第11条、第12条,《最高人民法院、最高人民检察院、公安部关于办理非法集资刑事案件适用法律若干问题的意见》第7条和《全国法院民商事审判工作会议纪要》第129条均有"先刑后民"规定,但这仅适用于以下两种具体情况:

第一,同一事实同时引起刑事、民事责任或民刑案件相关联,而民事案件审理须以刑事案件审理结果为依据时,应先确定行为人的刑事责任,将定罪判决作为民事责任认定依据。此时除依法适用附带民事诉讼情况外,民事案件应依《民事诉讼法》第150条中止诉讼,待刑事判决生效后恢复;依《刑事诉讼法》第206条规定,刑事案件则不会因与之关联的民事案件尚未审结而中止审理。依《刑事诉讼法》第55条和民事诉讼法有关司法解释,刑事案件证明标准高于民事案件,为避免在事实认定上出现刑事定罪、民事无责情况并提高司法效率,刑事程序先行实属正常,这也是欧陆、英美法系的通行做法。

第二,如民事纠纷事实有整体上是犯罪行为组成部分的可能(如涉众型经济犯罪),则法院不受理就同一事实提起的民事诉讼,有关材料须移送刑事司法机关。

除以上情况外,即使民刑案件有所牵连或关联,法院也应继续分别审理。《关于公安机关办理经济犯罪案件的若干规定》第20条至第24条对此类情况作出公安机关不得妨碍法院诉讼活动、不得以刑事立案为由要求法院不予受理、驳回起诉、中止诉讼等规定。

位阶上的优先,即"刑事判决位阶高于民事判决",更无从成立。刑事案件和民事案件证明标准差异,导致刑事判决认定的犯罪事实在民事审判中具较高证明力,但刑事判决主文所科义务(刑事判决涉财产内容),相对于民事判决主文所科义务(给付义务)并不享有"高位阶"。且刑事案件不追究刑事责任(撤销案件、不起诉、无罪判决)结果,不必然导致无民事责任,这足以说明"位阶上优先"说法有误。

第五章　刑事与企业破产的交叉问题分析

抑有进者，"先刑后民"在实体法上未得到承认。民事、刑事法律后果多样，孰先孰后无法一概而论。就刑事涉财产措施而言，包括惩罚犯罪人的财产刑，填补被害人损失的判处、责令赔偿损失，恢复财产秩序、去除不法利益的追缴和责令退赔，保护社会秩序、干预财产权不当行使的没收四种。各种刑事涉财产措施的性质、正当化根据、对象均不同，法律安排顺位也不同。依据《刑法》，医疗费用和优先受偿权优先于退赔被害人损失，民事债务优先于财产刑，退赔优先于民事债务，追缴、没收则未规定。民事财产责任和刑事涉财产措施彼此交错，占第一顺位者为医疗费用；两类附加刑位于最后，依《最高人民法院关于审理企业破产案件若干问题的规定》第61条规定，其在企业破产程序中甚至不能列入破产债权。

因此，"先刑后民"仅是对特定民刑交叉案件，由两种诉讼证明标准差异产生的程序安排、习惯做法，至少在现行法框架内不具原则地位，其在司法实践中滥用的弊端已多有讨论。具体到企业破产与刑事追缴、退赔交叉问题上，则不能以此主张"先追缴后破产"。

（2）此路径在实体和程序上对债权人不利，被害人在追回财产的全过程享有优先地位，而债权人权利受制。

第一，先追缴后破产做法使债务人财产进一步减少、债权人无法及时获得清偿。刑事诉讼或经长久时日不能终结，被害人可在任何一阶段依《刑事诉讼法》第245条第1款主张刑事司法机关追回财产，而债权人因破产程序不能启动或继续，只能任由被采取侦查措施的债务人财产贬值、闲置或为被害人主张。且刑事追缴仅限于直接经济损失而不包括利息，部分案件中差额巨大。

第二，刑事追缴、退赔财产范围大于民事债务清偿财产。刑事追缴、退赔非刑罚，侧重物的追回，与刑事责任无关而与财物性质有关，因此可能涉及第三人。企业所涉犯罪依《刑法》第30条等规定不限于单位犯罪，但不论是否被追究刑事责任，任何单位和自然人（直接负责的主管人员、其他直接责任人员和参与单位实施的犯罪的其他工作人员）如从犯罪行为中获利均要追缴。我国未建立自然人破产制度，自然人退赔被害人损失的义务一经法院判决，至少在理论上直至退赔完毕均要承担，不因清偿不能、刑罚执行完毕或企业破产而减免。破产债权却仅以破产时债务人财产为限，还可能因破产程序终结、破产企业注销登记变为永久履行不能。

第三，破产有效而追缴"空判"。虽然法院已被赋予执行刑事裁判涉财产部分并继续追缴、责令退赔违法所得职权，但"刑事诉讼法"和《最高人民法院关于适用〈中华人民共和国刑事诉讼法〉的解释》未赋予被害人在第一次执行终结后发现其他可供执行财产时申请恢复执行的权利，《最高人民法院关于适用刑法第六十四条有关问题的批复》又不允许被害人另行提起民事诉讼或附带民事诉讼，使追缴违法所得沦为空谈，而债权人却有权申请恢复执行、补充分配。此外，追缴、退赔程序中未设置债权人会议等机制，信息不对称会影响当事人对司法机关的信任。

（二）追缴并入破产

在追缴并入破产路径下，退赔被害人损失应并入破产程序，刑事涉财产部分中止执行。《企业破产法》第19条和《最高人民法院关于依法审理和执行被风险处置证券公司相关案件的通知》第5条"证券公司进入破产程序后，人民法院作出的刑事附带民事赔偿或者涉及追缴赃款赃物的判决应当中止执行，由相关权利人在破产程序中以申报债权等方式行使权利"可资参照。无论刑事诉讼进展如何，只要无涉民事案件基本事实认定，就不影响法院受理破产申请。

刑事司法机关应在进入破产程序后解除对涉案财物的查封、扣押、冻结措施，将涉案财物交管理人管理；只有违法所得能够特定化时，方可由被害人先行取回。实体上，破产债权的认定不受限于刑事判决。刑事判决不处理违法所得，无退赔判项，需被害人自行在破产程序中主张；或者，虽然法院在刑事诉讼中判决返还被害人的合法财产，但是该判项因刑事涉财产部分中止执行，只能在破产程序中落实，即由管理人对返还被害人本金的判决依《最高人民法院关于适用〈中华人民共和国企业破产法〉若干问题的规定（三）》第7条予以确认，符合民间借贷年利率相关规定的利息可以在破产程序中一同申报。总之，被害人和债权人的主张均在破产程序中依《企业破产法》第113条按顺序、按比例实现。

此路径可避免同一笔财产重复处置，有利于统一审查尺度、提高清偿效率；且破产企业日后可以重整，从而提高被害人合法财产返还率，克服追缴"空判"和信息不对称问题。破产程序中以公告形式通知债权人申报债权，比通知被害人认领返还涉案财物的范围更广。

但此做法有违"任何人不得因自身的不法获得利益"的理念。违法所得应依《刑法》第64条自犯罪行为获利之人处追缴、责令退赔，只有合法财产才能用以偿还合法债务。因此，执行财产刑时，被执行财产可用于偿还犯罪人所负正当债务，但刑事追缴、退赔无此规定。如犯罪人无所得而被害人有损失（如故意毁坏财物、抢劫未得财物而致人重伤），则犯罪人以自身合法财产依《刑法》第36条和民法承担赔偿责任。

此外，对于追缴、退赔的违法所得并不全部返还被害人，不属于被害人合法财产和无人认领的应依《刑事诉讼法》第245条第4款上缴国库规定，此路径并未给出解释。

二、"先追缴后破产"的提倡

（一）"先追缴后破产"理由的重构

"先刑后民"不能作为民刑交叉案件的处理原则，也未包含对被害人权益优于债权人的考量，在逻辑上只能推导出"以先刑后民为理由主张先追缴后破产"不合理，推不出"先追缴后破产"的本身错误，不能证明"追缴并入破产"正确。"追缴并入破产"貌似力求平衡，但实际上无法使各方得所应得。持此说者重民事债务清偿率、清偿效率，却未认真考查债权人、被害人各自权利之界限，违背"任何人不得因自身的不法获得利益"理念。因此，所谓"公权力侵蚀私权利"的批判也缺乏基础。

以一例进行说明：某企业原有合法财产一亿元，集资诈骗取得一亿元，因经营损失一亿元，账面上遂剩余一亿元。后来，企业因欠债十亿元进入破产程序，同时因集资诈骗案发被公安机关立案侦查。

该企业进入破产程序时，债权人认为"债务人财产"为一亿元。但被害人介入或原与其他债权人处于同一顺位的债权人，突然变为顺位在先的被害人，加之刑事诉讼先行导致破产分配延后，部分债权人会自感受到损失。问题症结在于，企业取得违法所得后的经营行为究竟是处分合法财产还是挥霍违法所得，剩余财产究竟是合法财产还是违法所得，因合法财产与违法所得混同、违法所得不能特定化而无法区分。在减少财产和剩余财产中，既混入部分违法所得,也包含部分原有合法财产,司法机关却必须按全部犯罪所得数额(一亿元)追缴,似乎对债权人不利、不公。

但这种"损失"并非实际损失。债权人只能从债务人财产中取得应得份额,而一亿元剩余财产并非债权人应得。假设因经营减少的一亿元中,有合法财产和违法所得各五千万元,相应地,剩余一亿元中有五千万元违法所得、五千万元本不应剩余的合法财产,犯罪人仍获利一亿元,应予追缴。即使不是因经营导致财产减少,而是由于不可抗力、意外事件灭失,这也是企业本应以合法财产负担的风险,不得以不义之财分担。

如果企业不曾犯罪,则其合法财产为一亿元,因经营不善等原因减少一亿元后已为零。此时破产,债权人得不到任何清偿,方为其权益实质。既然债权人得到的清偿在企业不犯罪时为零,在企业犯罪而先追缴违法所得、后破产分配时亦为零,则此路径当然不会牵连合法财产,只是恢复其权益应有状态。违法所得不能特定化,不是不予以去除的理由。

反观追缴、退赔并入破产时,享有十一亿元债权的债权人分配一亿元财产。这似乎使债权人获得一定清偿,但将本在追缴、退赔之列的财产分配给债权人,犯罪企业因以违法所得清偿民事债务(包括破产费用、共益债务、职工债权、普通债权)而获利,债权人所得超过企业未犯罪时的应得数目。此后,企业或已注销而不能再退赃,或进入和解、重整程序,借违法所得获得重生。刑事追缴、退赔是对受侵害财产秩序的强行恢复而非刑事制裁,虽可延及犯罪主体之外,却不存在共同、连带责任,只能以因犯罪所获利益为限。如在企业破产后对有关自然人追缴全部违法所得,会导致获利最多的企业逃过追缴,而获利较小的个人却为此承担更大不利。

现行《企业破产法》未考虑破产企业涉罪情况,法条中"债务人财产"表述,加之货币和有价证券种类物特性、占有即所有规则,导致产生破产财产不限于合法财产、包括违法所得的误解。目前对破产企业的违法所得,只能依《最高人民法院关于适用〈中华人民共和国企业破产法〉若干问题的规定(二)》第2条第4项认定为非债务人财产。

(二)匡正追缴、责令退赔与返还范围

在"先追缴后破产"正当性与合法律性(符合刑法与破产法)充分的基

础上，追缴、责令退赔范围关系到作为违法所得先行剥离出的财产数额。有学者把涉众型经济犯罪分为取得型和经营型，即非法取得（主要是骗取）被害人财产的犯罪和以集资后用于生产经营为目的的犯罪。《最高人民法院、最高人民检察院、公安部、司法部关于办理非法放贷刑事案件若干问题的意见》将非法放贷纳入《刑法》第225条之非法经营罪范围，由此产生放贷型犯罪，即资金由出借人流向借款人、出借人牟取利息等本金之外财物的犯罪。犯罪数额、违法所得数额认定存在不同，司法解释已有规定。

但违法所得不必然返还给集资参与人、借款人，只有被害人的合法财产可予返还。因此，能否得到返还取决于被害人地位之有无，这由参与集资、借款原因所决定。刑事法意义上的被害人，刑法和刑事诉讼法皆未给出定义，但通常认为是权利直接遭受犯罪行为侵害的自然人或单位。刑法上有一类犯罪以社会主义市场经济秩序为主要客体，行为人并无欺诈等侵害对方意志自由的情形。双方完全自愿、平等协商订立有关合同，只是合同约定内容违反有关市场准入规定，破坏市场经济管理秩序，如擅自设立金融机构罪，擅自发行股票、公司、企业债券罪和非法吸收公众存款罪。代理费、好处费、返点费、佣金、提成等费用如以吸收的资金支付，应予追缴，如本金尚未归还，则可以折抵以上费用。可见，集资参与人、借款人的被害人地位并非不可动摇，甚至不排除部分人是共同犯罪人。如集资参与人、借款人明知是非法经营而参与，则无所谓被害。有关文件对这部分人使用"集资参与人""借款人"而非"被害人"的称谓。其财物不是应返还的"被害人合法财产"，应在追缴后上缴国库或依相关行政法作为非法财物没收。

部分被害人权益受损自身有一定的原因，如听信高回报宣传而不理性地参加非法集资，但这是犯罪学意义上具有预防被害作用的"被害人过错"，而非刑法意义上具有定罪量刑作用的"被害人过错"。此类情况无减轻行为人刑事责任的作用，更非减免追缴、退赔违法所得义务的理由。

对于非法集资类犯罪，基于"任何人不得因自身的不法获得利益"，只能依刑法追缴参与集资本金，不应再依民法主张赔偿。依《刑法》第64条追回本金，不妨碍合同有效时依《企业破产法》主张不在追缴、退赔之列的利息利益。

结束语

　　破产程序中的刑民交叉问题是近几年来破产案件中的疑点问题。本书基于刑事理论体系分析，同时引入企业破产及程序相关内容，针对我国刑事与企业破产的交叉问题进行深入探讨。目前，我国司法实践对于民刑交叉案件的处理缺乏统一的标准，在面对破产程序与刑事程序交叉时，存在同案不同判的现象，债权人、集资受害人利益受到侵害的现象十分普遍。破产程序与刑事诉讼程序的适用顺位应当突破固化思维，只有在刑事法律关系的处理对破产程序的进行构成实质性影响时才能中止破产程序的进行，是否构成实质性影响应区分破产企业所涉嫌的不同犯罪类型。在对于民刑交叉的处理中，不是单一地以"先刑后民"或"民刑独立"为标准，而是遵循"民刑协同"的路径，区分破产案件中的民刑界限，协调推动破产程序与刑事程序并进，平衡刑事受害人与破产债权人财产利益之救济，以妥善解决破产程序与刑事程序交叉案件的复杂利益纠纷。

参考文献

[1] 卞建林，曹璨.信息化时代刑事诉讼面临的挑战与应对[J].吉首大学学报(社会科学版)，2021，42(5)：22-30.

[2] 曾粤兴.刑事诉讼渎职行为及其刑法规制[J].法学杂志，2022，43(1)：101-111.

[3] 柴乐，耿晓兵.企业破产拍卖程序与刑事程序的冲突及解决办法[J].法制博览，2021(10)：37-40.

[4] 董红，王有强.论完善我国的破产债权人会议制度[J].理论界，2005(7)：80-81.

[5] 房丽.论数罪刑罚执行中减刑制度的优化[J].学术交流，2020(9)：61-72.

[6] 高岚芝.刑事诉讼目的一元论[J].法制博览，2022(5)：51-53.

[7] 高永明.刑事责任的过程性研究——以刑事责任的地位切入[J].海峡法学，2013(4)：59.

[8] 高勇，徐卫华.论刑事责任[J].武汉理工大学学报(社会科学版)，2001，14(1)：32-35.

[9] 郭云忠.刑事诉讼谦抑论[J].当代法学，2007，21(1)：24-30.

[10] 韩长印.企业破产立法目标的争论及其评价[J].中国法学，2004(5)：80-87.

[11] 胡笛.论刑罚功能的实现[J].科学与财富，2017(3)：171-171，170.

[12] 季玉良，谭海军，吴亮.附加刑并罚问题探析[J].法制与社会，2017(32)：208-209.

[13] 琚明亮，孟凡骞.刑事诉讼法学方法论再反思——以刑事诉讼构造论为中心[J].学术探索，2021(10)：55-62.

[14] 黎劲松，杜瑞勇.浅析企业破产程序中普通债权的保护[J].职工法律天地，2019(8)：126.

[15] 李本灿.自然人刑事责任、公司刑事责任与机器人刑事责任[J].当代法学，2020，34(3)：99-109.

[16] 李奋飞.刑事诉讼案外人异议制度的规范阐释与困境反思[J].华东政法大学学报，2021，24(6)：45-56.

[17] 李慧慧.破产案件中刑民交叉问题研究[J].荆楚学刊，2021，22(2)：64-70.

[18] 李麒.刑事诉讼文化的当代变迁[J].北方法学，2017，11(5)：104-111.

[19] 林五星.论刑事诉讼价值[J].河南师范大学学报(哲学社会科学版)，2006，33(5)：93-95.

[20] 刘崇亮.新刑罚理论与中国监禁刑改革的新目标[J].浙江学刊，2021(1)：88-97.

[21] 刘伟.背叛与惩罚：破产管理人刑事责任初论[J].江海学刊，2008(6)：118-123.

[22] 刘永宝.基于法经济学的合伙企业破产问题分析[J].学海，2008(6)：108-111.

[23] 龙天鸣，吴杰.论破产程序中刑事追赃优先的非必然性——以A公司破产重整案为视角[J].辽宁大学学报(哲学社会科学版)，2021，49(4)：103-115.

[24] 陆诗忠.对我国刑罚目的的再追问[J].甘肃政法大学学报，2021(4)：12-24.

[25] 闾刚.刑事诉讼目的论梳理与重构[J].学海，2016(3)：212-216.

[26] 吕涛，杨红光.刑事诉讼监督新论[J].人民检察，2011(8)：24-29.

[27] 彭辅顺.刑事责任量的根据层次论[J].山东警察学院学报，2012，24(6)：48-55.

[28] 孙少敏.论刑事诉讼的价值和目的[J].经济研究导刊，2017(28)：193.

[29] 温立平.刑事责任研究[J].湖北警官学院学报，2012，25(9)：77.

[30] 吴波，刘子涵.刑事追缴与退赔在破产程序中的清偿顺位问题[J].法制博览，2021(13)：86-87.

[31] 吴雨豪.刑罚威慑的理论重构与实证检验[J].国家检察官学院学报，2020，28(3)：117-137.

[32] 伍群山.企业破产程序中的刑民交叉问题[J].老区建设，2020(14)：50-56.

[33] 徐家力.企业破产中的知识产权许可合同处理方法研究[J].中州学刊，2017(5)：48-56.

[34] 杨加明，杨小兰.刑事责任能力新论[J].河北法学，2004，22(6)：137-139.

[35] 杨凯.刑事责任定义再认识[J].湘潭大学学报(哲学社会科学版)，2005，29(5)：79-84，93.

[36] 姚磊.刑事诉讼条件研究[J].国家检察官学院学报，2018，26(3)：94-115.

[37] 姚毅.企业破产清算会计处理浅探[J].财会通讯，2017(34)：71-73.

[38] 郑超.无刑罚的犯罪——体系化分析我国《刑法》第37条[J].政治与法律，2017(7)：131-141.

[39] 郑为晶.企业破产清算税款追征制度的国际经验借鉴[J].财会通讯，2022(7)：146-149，154.

[40] 郑曦.刑事诉讼个人信息保护论纲[J].当代法学，2021，35(2)：115-124.